अविरल शब्द प्रवाह

कविता संग्रह

भूपेन्द्र शर्मा

यह काव्य संग्रह, एक पुष्प की तरह, अर्पित है उन चरणों में, जिन्होंने मुझे शब्दों का अर्थ सिखाया, जिन्होंने मेरी आत्मा को आकार दिया।

ये कविताएँ, मेरी भावनाओं का दर्पण हैं, जो वर्षों से मेरे हृदय में पल रही थीं। यह उन गुरुओं, मित्रों और प्रियजनों को समर्पित है, जिन्होंने मुझे प्यार, प्रेरणा और समर्थन दिया।

उन अंधेरी रातों में, जब मैं भटक रहा था, उन्होंने मुझे प्रकाश दिखाया। जब मैं हार मान रहा था, उन्होंने मुझे आगे बढ़ने का हौसला दिया। यह संग्रह, उनकी उदारता और विश्वास का प्रमाण है। मैं हमेशा उनका ऋणी रहूँगा। यह उन सभी को समर्पित है, जिन्होंने कभी प्रेम किया है, कभी खोया है, और कभी कुछ पाने की उम्मीद की है।

मुझे उम्मीद है कि ये कविताएँ, आपके हृदय को स्पर्श करेंगी, और आपको कुछ पल के लिए, अपनी चिंताओं को भूलने में मदद करेंगी।

धन्यवाद।

भूपेन्द्र शर्मा

क्रम-सूची

क्रम-सूची

क्रम-सूची

क्रम-सूची

प्रस्तावना

कविता केवल शब्दों का खेल नहीं, बल्कि हृदय की धड़कनों का संगीत है। यह भावनाओं का प्रवाह है, जो कभी शब्दों में ढलकर मन की गहराइयों को अभिव्यक्त करता है, तो कभी मौन रहकर भी बहुत कुछ कह जाता है। यह एक ऐसी भाषा है, जो बिना बोले, दिल की अनकही बातों को बयां कर देती है। जब हम शब्दों में अपनी भावनाओं को ढालते हैं, तो यह कविता बनती है - जीवन के हर रंग, हर भावना, हर अनुभव को एक आकार देती है।

"अविरल शब्द प्रवाह" मेरे विचारों, भावनाओं और अनुभवों की वह यात्रा है, जो शब्दों के माध्यम से आप तक पहुँच रही है। इस काव्य संग्रह में जीवन के विभिन्न रंगों को उकेरने का प्रयास किया गया है–कभी प्रेम की कोमलता, तो कभी विरह की टीस; कभी प्रकृति की सौंदर्य-छटा, तो कभी समाज के कटु सत्य। हर कविता अपने भीतर एक अलग एहसास समेटे हुए है, जो पाठकों को उनके अपने जीवन से जोड़ने की एक कोशिश है।

यह संकलन केवल मेरी लेखनी का परिणाम नहीं, बल्कि उन अनगिनत क्षणों का प्रतिबिंब है, जिन्होंने मुझे लिखने के लिए प्रेरित किया। जो भावनाएँ मेरे मन में उमड़ीं, वे यहाँ शब्द बनकर आपके समक्ष प्रस्तुत हैं।

यदि मेरी कविताएँ आपके मन को स्पर्श कर सकें, आपके विचारों को एक नई दिशा दे सकें, तो मैं अपने प्रयास को सफल मानूँगा। आशा है, यह काव्य संग्रह आपको अपने एहसासों से जोड़ पाएगा और आपके हृदय को छू सकेगा।

भूपेन्द्र शर्मा
2025, जयपुर

भूमिका

कविता भावनाओं का निर्झर स्रोत होती है, जो मन की गहराइयों से निकलकर शब्दों के रूप में आकार लेती है। यह जीवन के सुख-दुःख, प्रेम-विरह, आशा-निराशा और हर उस अनुभूति को व्यक्त करने का माध्यम है, जो हृदय के किसी कोने में सजीव रहती है। प्रस्तुत "अविरल शब्द प्रवाह" कविता संग्रह भी ऐसे ही भावों का संकलन है, जिसमें जीवन के विविध रंगों को शब्दों में पिरोने का प्रयास किया गया है।

इस संग्रह की कविताएँ कभी मन को गुदगुदाएँगी, कभी संवेदनाओं को झकझोरेंगी, तो कभी आपको अपनी ही किसी भूली-बिसरी अनुभूति से जोड़ देंगी। प्रेम, प्रकृति, समाज, आत्मचिंतन और मानवीय रिश्तों के ताने-बाने को संजोने का एक विनम्र प्रयास इन रचनाओं में किया गया है।

लेखन मेरे लिए सिर्फ शब्दों का संयोजन नहीं, बल्कि आत्मा की आवाज़ है। ये कविताएँ केवल मेरे विचारों का प्रतिबिंब नहीं, बल्कि हर उस व्यक्ति के हृदय को छूने का प्रयास हैं, जिसने कभी किसी भावना को महसूस किया है। इस यात्रा में कई अनुभूतियों ने आकार लिया, कई विचारों ने शब्दों का रूप धारण किया, और अंततः यह संकलन आपके हाथों तक पहुँचा। मेरा प्रयास केवल शब्दों को सजाने तक सीमित नहीं, बल्कि उन भावनाओं को व्यक्त करने का भी रहा है, जो हम सभी के हृदय में किसी न किसी रूप में विद्यमान हैं।

यदि मेरी ये कविताएँ आपके मन को छू सकें, आपके विचारों को एक नया दृष्टिकोण दे सकें, तो मेरा यह प्रयास सार्थक होगा। मैं अपने पाठकों का हृदय से आभार व्यक्त करता हूँ, जो इस शब्द-यात्रा का हिस्सा बन रहे हैं।

आपकी प्रतिक्रियाएँ और सुझाव सदैव मेरे लिए प्रेरणास्रोत रहेंगे।

भूपेन्द्र शर्मा
2025, जयपुर

1. अविरल शब्द प्रवाह

मन के सागर की गहराई से,
अविरल बहता शब्द प्रवाह।
कभी शांत लहरों सा कोमल,
कभी तेज़ तूफ़ानी अथाह।

इनमें गूँजें भावों की,
ख्वाबों के उड़ते पंख।
बीते पल की यादें लेकर,
भविष्य के नवल ढंग।

कभी होंठों से झरते ये,
मोती बनकर बिखरें।
कभी कागज़ पर उतरकर,
अमिट कहानी बनें संवरें।

यह वाणी का अनवरत क्रम,
न दिन देखे न देखे रात।
व्यक्त करे वो सब कुछ,
जो मन में छिपी हर बात।

ये शक्ति हैं, ये संवेदना,
ये रिश्तों के आधार।
कभी घाव भरें मल्हम बन,
कभी कर दें हृदय पर वार।

2. अनहद नाद

एक स्वर गूँजता भीतर,
शांत, फिर भी अपरिचित सा।
न कोई वाणी, न कोई शब्द,
बस अनहद नाद निश्छल सा।

हवा में घुली मधुर ध्वनियाँ,
जैसे कोई अनसुना गीत।
सांसों की लय में बहता जाए,
जैसे बहती कोई संगीत।

कभी यह नीरव शून्यता सा,
कभी यह गर्जन बन जाए।
मन की गहराई में उतरकर,
अस्तित्व का भेद बताए।

इस नाद में ब्रह्म छिपा है,
इस नाद में सत्य बसा है।
जो इसे सुन ले एक बार,
वह खुद में ही खो जाता है।

3. वीराने की पुकार

सूनी गलियाँ, सूने रास्ते,
खामोशी के गहरे साए,
टूटे खंडहर, बिखरी यादें,
बीते कल को फिर दोहराए।

हवा भी यहाँ थमी-सी लगती,
धूप भी जैसे सहमी-सी लगती,
न कोई आवाज़, न कोई साया,
बस वीराने की चुप्पी जगती।

कभी यहाँ भी मेले लगते,
हँसी-ठिठोली के गीत बजते,
अब बस हैं बिखरे सपनों के कण,
और दर्द भरी कुछ मीठी रुतें।

ये वीराना भी कुछ कहता है,
गुज़रे लम्हों को गढ़ता है,
जो सुन सके इसकी तन्हाई,
उसे ये राज़ भी कहता है।

4. तुम ऐसे ना थे

तुम ऐसे ना थे, जो आज हो,
वो मुस्कान, वो आँखों का जो आलम था, वो खो गया।
जहाँ हर लम्हा एक उम्मीद थी,
अब सबकुछ सर्द सा महसूस होता है, जैसे हम खो गए।

तुम्हारी बातें, तुम्हारी हंसी,
जो कभी जीने का कारण थीं, वो कहां खो गईं?
वो विश्वास, जो बिना कहे दिल में था,
वो अब बिखर सा गया है, जैसे कोई रहस्यमयी बात हो गई।

तुम ऐसे ना थे, जो अब हो,
वो सच्चाई, वो मोहब्बत, जो हमारी थी, वो कहाँ चली गई?
अब सबकुछ बदल सा गया है,
जैसे हम दोनों की राहें अजनबी हो गईं।

लेकिन फिर भी, शायद कहीं कोई याद बाकी है,
तुम जैसे थे, वैसे ही रहना था,
अगर खुद को खोकर तुम मुझसे दूर हो गए,
तो फिर क्यों ना मैं भी खुद को खो दूं,
तुम जैसे ना थे, अब मैं भी वैसा ही हो जाऊं।

5. विरह वेदना

तुम गए तो साँसें भी बोझिल हो गईं,
खुशियों की राहें जैसे मुश्किल हो गईं।
तेरी यादों की परछाई अब भी पास है,
पर साथ तेरा नहीं, यही सबसे बड़ा आघात है।

रातें लम्बी हैं, नींद भी रूठ गई,
दिल की बातें अब हवाओं में छूट गईं।
तेरी हँसी थी जहाँ, अब सन्नाटा है,
तेरी गैरमौजूदगी में दिल भी ठहर जाता है।

हर लम्हा गुज़रता है तीर बनकर,
तेरी यादें चुभती हैं नश्तर बनकर।
आँखें तलाशें तुझे हर राहगुज़र में,
पर तू नहीं, बस तेरा अहसास है इस सफ़र में।

विरह की वेदना, कोई समझ न पाए,
जिसने इसे सहा है, वही जान पाए।
मिलन की आस में दिल तड़पता ही रहेगा,
शायद तेरा साया फिर लौटकर आएगा।

6. मैं यहीं हूँ, तेरे एहसास में बसा हुआ

मैं यहीं हूँ, तेरे एहसास में बसा हुआ,
जैसे चाँद की रौशनी हो रात में घुली हुयी।
तेरी हर धड़कन में, हर सांस में,
तेरी हर याद के आसपास बसा हुआ।

जब भी थमेगी तेरी पलकों की बारिश,
मैं किसी बूंद में छिपकर तुझ तक आऊँगा।
तेरी उदास रातों के सन्नाटों में,
मैं किसी मीठी लोरी सा गुनगुनाऊँगा।

तेरे लफ़्ज़ों में, तेरी बातों में,
तेरी हँसी के हर इक जज़्बातों में,
मैं हूँ कहीं, शायद तुझे दिखता नहीं,
पर तेरे हर अहसास में सिमटा हुआ।

तू जब भी महसूस करेगी कोई हल्की सी छुअन,
समझ लेना, मैं तेरी सांसों में बसा हूँ।
तेरी परछाईं से लिपटा हूँ मैं,
मैं यहीं हूँ, तेरे एहसास में बसा हुआ।

7. हम तुम

हम तुम, दो राहों पर चले,
एक-दूसरे को तलाशते रहे।
तुमने देखा जब, मैंने नज़रें झुका ली,
फिर भी दिल की बातें, दिल में ही रुक गई।

तुम थी जो मेरे ख्वाबों में बसी,
मैं था जो हर पल तुम्हारी यादों में खोया।
संग बिताए कुछ पल, जैसे सारा जहाँ,
तुम्हारे बिना सब कुछ लगता है अधूरा यहाँ।

हम तुम, मिलकर भी अक्सर दूर रहे,
कभी शब्दों में, कभी चुपके से नज़रें घूमें।
पर फिर भी दिल में जो एहसास था,
वो कभी न बदल पाया, वो हमेशा था।

हम तुम, जैसे दो किनारे नदी के,
कभी पास, कभी दूर, फिर भी जुड़े रहते हैं।
इन्हीं राहों में हमारा प्यारा सफर,
हम तुम, हमेशा एक-दूसरे के ख्वाबों में रहेंगे।

8. वेदना

भीगी रात में जब चुपके से,
दिल के तार टूटने लगते हैं,
अँखियों से बरसते अश्कों में,
अनकहे जज़्बात झलकने लगते हैं।

वेदना, एक सन्नाटे सा साथी है,
जो गहराई में उतर जाता है,
हर दर्द की परत में छिपा,
एक अनसुनी कहानी कह जाता है।

कभी धूप में भी उसकी छाया,
चुभती सी लगती है कुछ पल,
पर इस दर्द के बाद जो होती है,
नयी उमंग की एक झलक, एक हलचल।

मन के वीराने में जब भी,
हवाओं से सरसराहट आती है,
वेदना की मीठी-तीखी दास्ताँ,
एक नई राह की ओर झुक जाती है।

कभी शब्द नहीं कह पाते,
जो दिल की गहराईयों में छुपे,
वेदना ही बनकर होती है,
अनकहे दर्दों के गीत सुनाती।

9. समय से परे

समय की सीमा से परे,
जहाँ कोई बंधन नहीं,
जहाँ धूप-छाँव का फर्क नहीं,
बस एक अनंत जीवन वही।

घड़ियों की सुइयाँ थम जाएँ,
हर लम्हा मुक्त हो जाए,
कल, आज और कल से आगे,
जहाँ बस शाश्वत प्रेम रह जाए।

न बीते कल का बोझ वहाँ,
न आने वाले कल की फिक्र,
बस एक शुद्ध, निर्मल एहसास,
जहाँ बहती हो शांति की लहर।

जहाँ ख़्वाब हकीकत बन जाएँ,
जहाँ आत्माएँ गीत सुनाएँ,
जहाँ समय भी ठहर सा जाए,
वहाँ मेरा मन घर बना जाए।

समय से परे, क्षितिज के पार,
जहाँ सिर्फ़ सत्य का हो संसार।
जहाँ जीवन अनवरत बहता रहे,
बस उसी ओर, मैं चलता रहूँ...

10. जीवन भी एक मधुशाला है

जीवन भी एक मधुशाला है,
हर घूँट में एक मतवाला है।
कभी हँसी के प्याले छलकें,
कभी दर्द का इक निवाला है।

हर मोड़ यहाँ पर साकी बैठा,
नये रंग की सुरा पिलाता।
कभी प्रेम की मस्ती घोले,
कभी विरह का स्वाद चखाता।

कभी ख़ुशी की छलकती गागर,
कभी ग़म के प्यालों की रातें।
कभी उमंग की मदहोशी छाए,
कभी अश्रु बन गिरें बरसातें।

यहाँ हर कोई प्यासा दिखता,
फिर भी प्यालों से डरता है।
जो पी ले जी भर के इसे,
वही असल में जीता है।

चलो उठा लें जाम उमंग का,
पी लें जीवन की मधुशाला।
जो भी मिले उसे अपनाकर,
चलते जाएँ खुली हवाओं में मतवाला!

11. यूं ही एक दिन

यूं ही एक दिन, सुबह होगी नई,
सपनों की किरणें होंगी सुनहरी सही।
ख़्वाब जो अधूरे हैं, पूरे हो जाएंगे,
ख़ुशियों के रंग फिर से खिल जाएंगे।

यूं ही एक दिन, दर्द भी मिट जाएगा,
जो आँखें नम हैं, वो फिर मुस्काएगा।
वक़्त के साथ हर घाव भर जाएगा,
जो खोया था, वो फिर लौट आएगा।

यूं ही एक दिन, मौसम नया होगा,
हवा में घुला हर अहसास जुदा होगा।
बंजर ज़मीन पर फूल खिल उठेंगे,
टूटे रिश्ते भी फिर मिल उठेंगे।

यूं ही एक दिन, कोई पुकारेगा नाम,
फिर से बजेगा मीठा कोई सुरमधुर गान।
ज़िंदगी फिर से मुस्कान लाएगी,
हर राह में रोशनी ही नजर आएगी।

12. इंसानियत का बोझ अब कितना भारी

इंसानियत का बोझ अब कितना भारी,
दिलों में जमी है एक सर्द बेकरारी।
चेहरे मुस्कानें लिए फिर रहे हैं,
पर रूहें सबकी हैं बुझी-बुझी सारी।

दुआओं में भी अब शोर होता है,
मंदिर-मस्जिद में बैर बोता है।
हाथ जुड़े हैं, पर मन बँटे हैं,
नफ़रत के शोले हर ओर उठे हैं।

जिन राहों पर मुहब्बत चलती थी,
अब वहाँ तलवारें टकराती हैं।
जो हाथ उठते थे बाँटने को रोटी,
आज लहू से वो भीग जाते हैं।

कब तक उठाएँगे ये भारी बोझ,
कब तक लहू बहाएंगे रोज़?
आओ फिर से प्रेम जगाएँ,
इंसान को फिर इंसान बनाएँ।

13. जीवन की आपाधापी में

जीवन की आपाधापी में, दौड़ते रहते हैं हम,
हर पल में खो जाते हैं, समय के जाल में ये फंसे रहते हैं हम।
सपनों की भागमभाग, उम्मीदों की सरगर्मी,
हर कदम पर दबाव, हर पल की चिंताएँ हैं अनंत।

कभी काम की चिंता, कभी रिश्तों का बोझ,
सांसों में तेज़ी, दिल में घबराहट की लहरें हो रही हैं रोश।
रात-दिन की उलझन, न कोई ठहराव,
चाहे जो भी हो, पर हर दिन है एक नई आपदा का स्वागत।

हम भूल जाते हैं, सुकून की छोटी सी बात,
जो खुशी देती है, वही बसी रहती है हर रात।
हम जो दौड़ते हैं, कभी न रुकते,
पर क्या हम उन छोटी-छोटी खुशियों को खोजते हैं?

जीवन की आपाधापी में, खो जाते हैं हम,
रूठ जाती है मन की शांति, और धुंधली होती है हर समझ।
जरूरी है कभी रुकना, खुद से बात करना,
सपनों के अलावा भी, अपनी आँखों को हर दिन नई रोशनी देना।

जो कभी हमारे पास था, वही सबसे प्यारा था,
वह सुकून जो हमें चाहिए था, वह हर पल हमारा था।
आपाधापी में उलझे नहीं, कभी रुककर,
जीवन की खूबसूरत राहों में शांति से चलें।

14. तेरे ख़त

तेरे ख़त अब भी रखे हैं किताबों के बीच,
जैसे सूखे फूलों में बसी हो कोई भीनी सी खुशबू।
हर लफ्ज़ जो लिखा था तूने कभी,
अब भी धड़कता है कागज़ की सिलवटों में।

स्याही कुछ धुंधली हो गई है,
पर एहसास अब भी वैसे ही हैं गहरे।
तेरे लफ्ज़ों की नरमी,
जैसे बीते पलों की कोई मीठी लोरी।

जब भी खोलता हूँ वो पीले पड़ चुके पन्ने,
तेरी हँसी, तेरी बातें, फिर से जिंदा हो जाती हैं।
एक-एक शब्द जैसे बोल उठता है,
"मैं यहीं हूँ, तेरे एहसास में बसी हुई।"

अब न तेरा ख़त आता है, न कोई नया पैगाम,
पर जो लिखा था कभी, वो अब भी मेरा है।
तेरे ख़त अब भी मेरे पास हैं,
जैसे यादों का कोई अनमोल खज़ाना।

15. टूटे रिश्तों की मरम्मत अभी बाकी है

टूटे रिश्तों की मरम्मत अभी बाकी है,
बिखरे हुए लम्हों की हलचल अभी बाकी है।
जो दरारें पड़ीं थीं लफ़्ज़ों के बीच,
उनको भरने की चाहत अभी बाकी है।

कहीं कोई शिकवा, कहीं कोई दर्द,
अनकही बातों में उलझे हैं अर्थ।
थोड़ा सा सब्र, थोड़ा सा प्यार,
शायद अब भी है कोई आस बहार।

नज़रों की नमी को पढ़ना तो सीखें,
दिल की दरारों को जोड़ना तो सीखें।
एक कदम हम चलें, एक कदम तुम बढ़ो,
फिर देखो, ये फासले खुद ही सिमटें।

जो बीत गया, उसे रहने दो वहीं,
एक नई शुरुआत का मौसम आया यहीं।
हाथ बढ़ाओ, गरमी फिर से जगा दो,
टूटे रिश्तों की मरम्मत अभी बाकी है।

16. जहाँ शब्दों की ज़रूरत कम लगे

जहाँ शब्दों की ज़रूरत कम लगे,
बस एहसास ही हर बात कहे।
नज़रें मिलें और दिल समझ जाए,
बिन बोले भी जज़्बात बहें।

कोई हल्की सी मुस्कान बता दे,
जो लफ्ज़ हजार कह ना सके।
एक छूटा हुआ स्पर्श जगा दे,
जो बरसों की दूरी भी मिटा सके।

खामोशियों में भी साज बजते हैं,
दिल की गहराइयों में राग बसते हैं।
जब आत्माएँ खुद ही संवाद करें,
तो अल्फ़ाज़ भी पीछे हटते हैं।

ऐसे ही रिश्ते खास होते हैं,
जहाँ मौन भी मिठास होते हैं।
जहाँ दिल ही दिल की भाषा पढ़े,
जहाँ शब्दों की ज़रूरत कम लगे।

17. खुद से बातें

अंतर्मन के गहन तिमिर में, गूँजे प्रश्न अनगिनत।
एक जटिल सी पहेली, सुलझाने को आतुर मन शत।
बाह्य जगत की आपाधापी, शोर में डूबी ये काया,
ढूँढ रही निज अस्तित्व की, एक शांत सी छाया।

भीतर उठता ज्वार भाटा, विचारों का कोलाहल,
सत्य की खोज में पागल, ये व्याकुल चित अटल।
कौन हूँ मैं, क्या हूँ मैं, क्यों आया इस धरा पर,
उत्तर खोजता ये जिज्ञासु, बैठा खुद से बतिया कर।

अहं के पर्दे में लिपटी, सच्चाई कब उजागर हो,
आत्मज्ञान की ज्योति से, ये जीवन पथ उजागर हो।
खुद से बातें ही तो हैं, समाधान का एक द्वार,
खुद को जान लेना ही, भवसागर से है पार।

18. आत्मा की आवाज

कभी चुपचाप, कभी गूंजती है,
आत्मा की आवाज, दिल में बजती है।
यह न कोई शब्द, न कोई लहजा,
यह तो बस एक गहरे एहसास की ध्वनि है।

जब बाहर की दुनिया से दूर हो जाता हूँ,
और अपनी खुद की गहराई में खो जाता हूँ,
तब सुनाई देती है वो आवाज़,
जो न दिखती है, न महसूस होती है कोई नज़र।

वो आवाज़, जो मुझे मेरी राह दिखाती है,
जो मुझे सत्य की ओर ले जाती है।
जब उलझन में हो जीवन,
यह आवाज़ ही मुझे संजीवनी देती है।

कभी डर, कभी संशय के समय,
यह आवाज़ मेरे भीतर एक लौ जलाती है,
आत्मा की आवाज, अनकहा साहस देती है,
जो मुझे खुद से लड़ने का हौसला देती है।

इसकी कोई सीमा नहीं, कोई अंत नहीं,
यह आवाज़, शाश्वत, अनंत और गहरी है।
जब दुनिया से थककर कुछ खो जाता हूँ,
यह आवाज़ फिर से मुझे खुद से जोड़ती है।

19. माया का आवरण

धुंधली सुबह का अस्फुट राग,
अज्ञात दिशाओं का अनुलापी आग।
क्षितिज पर लिपटी है छाया गहन,
जैसे स्वप्निल जाल में उलझा तन।

कौन है वो, जो छिपकर मुस्कुराती है,
हर पत्ते में रहस्यमय गीत सुनाती है?
किस अज्ञात लोक की है ये दासी,
जिसकी मदहोशी से डूबी है हर प्यासी?

शिलाओं पर खुदे हैं युगों के चिह्न,
हर कंपन में गूंजती है कोई विग्न।
अतीत के गर्भ से उठता है धुआं,
वर्तमान की सांसों में लिपटता है कुहां।

मृगतृष्णा सा फैला है ये भ्रम का जाल,
सत्य की खोज में खो जाऊं मैं तत्काल।
पर किसकी है हिम्मत जो भेद सके ये पर्दा,
जब नियति ने खुद ही रहस्य से भर दिया है गर्दा?

शायद इस माया का ही नाम है जीवन,
हर पल बदलता, हर क्षण नूतन।
खोजते रहो, भटकते रहो, राह अनजान,
और पाओगे अंततः अपने भीतर का ज्ञान।

20. हृदय की गूँज

असीम क्षितिज पर, स्वर्णिम रवि का,
अभिषेक होता, प्रकृति का पावन।
मृदुल किरणें, स्पंदन बन जातीं,
अंतरिक्ष में, रहस्य खुल जाता।

विरह की छाया, हृदय में नाचती,
स्मृतियों की धूमिल रेखा खींचती।
विस्मृत रागिनी, अधरों पे काँपे,
कल्पना की नौका, अकेले ही माँझी।

वेदना की गहराई, सागर सी अथाह,
अभिलाषाओं का होता नहीं अंत।
अनुभूति के भ्रम में, लिपटे हैं जीवन,
स्वप्निल पथ पर, शाश्वत निरंतर।

प्रत्यंचा सी खिंची, नियति की गति,
चिरंतन काल की, अनवरत लय।
क्षणभंगुर जीवन, माया का बंधन,
मोक्ष की तलाश में, व्याकुल मनन।

अलौकिक आनंद में, डूब जाऊँ मैं,
हर बंधन तोड़, स्वतंत्र हो जाऊँ।
अमरत्व की चाह, हृदय में जगी,
अनंत में विलीन, शाश्वत हो जाऊँ।

21. मेरा अकेलापन

खिड़की पर बैठा चुपचाप,
मैं देख रहा हूँ दूर कहीं,
सूरज ढलने की वह घड़ी,
जहाँ छुपी हैं यादें कई।

हवा भी मुझसे पूछ रही,
क्यों मन इतना खाली है?
क्यों आँखों में ठहरी नमी,
क्यों दिल इतना भारी है?

चाँद भी मुझसे कहता है,
रातों में मैं भी तन्हा हूँ।
तारों की महफ़िल सजती है,
पर दिल मेरा भी गुमसुम सा है।

अकेलापन मेरा साथी है,
हर पल साथ निभाता है।
कभी खामोशी की चादर ओढ़े,
कभी यादों से बतियाता है।

पर इस सन्नाटे की गोद में,
मैं खुद को नया पाता हूँ।
भीड़ से दूर, कुछ पल अपने,
खुद से मिलने जाता हूँ।

22. तुम्हारे बिना

तुम्हारे बिना, सब कुछ अधूरा सा लगता है,
हर पल की चुप्प, जैसे समय रुका सा लगता है।
तुम्हारी हंसी, जो रौशन करती थी सुबह,
अब उदासी की सर्द हवाओं में खो गई वह आवाज़।

तुम्हारे बिना, रूह भी कुछ खाली सी लगती है,
जैसे अंधेरे में बिखरी कोई उम्मीद सी लगती है।
चाँद भी अब उतना चाँदनी नहीं देता,
तुम्हारे बिना, हर रात कुछ अधूरी सी रहती है।

तेरे बिना, मेरी आँखों में आंसू नहीं रुकते,
हवाएँ भी मुझसे कुछ दूर रहकर गुजरते।
जैसे कोई रंग बिना ब्रश के फीका,
वैसे ही मैं, तुमसे दूर, बिल्कुल तन्हा।

तुम्हारे बिना, हर रास्ता लंबा सा लगता है,
हर मंज़िल सुलझी हुई सी नहीं लगती है।
तुम हो तो, दुनिया भी हसीन लगती है,
तुम्हारे बिना, कुछ भी ठीक नहीं लगता है।

23. अंत में हम दोनों ही होंगे

जब सारा जहाँ थम जाएगा,
सन्नाटा सब ओर छा जाएगा,
तब भी, मेरे साथ तू खड़ा होगा,
अंत में हम दोनों ही होंगे।

सभी रंग फीके पड़ जाएंगे,
समय के पंख उड़ जाएंगे,
लेकिन हमारी यादें हमेशा रह जाएंगी,
अंत में हम दोनों ही होंगे।

यह दुनिया, यह सारा जहाँ,
जितना भी बदले, चाहे जहाँ,
हमारा प्यार, हमारे रिश्ते की राह,
अंत में हम दोनों ही होंगे।

अलविदा के शब्द नहीं होंगे कभी,
दिलों के बीच का प्यार सच्चा रहेगा,
मिलने की आस कभी खत्म नहीं होगी,
अंत में हम दोनों ही होंगे।

जब तारे भी बुझने लगे,
आकाश भी ढलने लगे,
तब भी, हमारे दिलों की धड़कनें रहेंगी,
अंत में हम दोनों ही होंगे।

24. यादें

यादों के झरोखों से जब,
बीते लम्हे झाँकते हैं।
भीगे पलों की छाँव तले,
मन के कोने कांपते हैं।

कभी हँसी की गूँज सुनाएँ,
कभी अश्कों में खो जातीं।
कभी किसी की बाँहों जैसी,
कभी हवा-सी छू जातीं।

कागज़ पर कुछ लफ्ज़ गिरे थे,
अब भी उनकी खुशबू है।
बीती बातों की परछाईं,
अब भी दिल के रूबरू है।

यादें मीठी, यादें खट्टी,
यादें हर एहसास लिए।
बिन मौसम की बारिश जैसी,
हर पल संग रहतीं जीए।

25. मैं और मेरा मन

मैं और मेरा मन, बैठे थे एक शाम,
ख़ामोशी में उलझे थे कुछ अनकहे जज़्बात।
मैंने पूछा, "क्यों भटकता है तू हर दिशा में?"
मन हँसा और बोला, "ये तो मेरी आदत है!"

कभी अतीत में, कभी भविष्य के ख्यालों में,
कभी ख़ुशी के मेले में, कभी वीरान सवालों में।
मैं रोकता हूँ, समझाता हूँ,
पर मन तो है, उड़ता ही जाता है।

कभी सपनों की गलियों में,
कभी अश्कों की बारिश में।
कभी चाहता है समंदर सा गहरा होना,
तो कभी हवा सा हल्का उड़ जाना।

मैं और मेरा मन, यूँ ही चलते रहते हैं,
कभी उलझते, कभी सुलझते रहते हैं।
पर एक बात तो मैं समझ गया,
मन से दोस्ती कर ली, तो सुकून मिल गया।

26. मेरी तन्हाई

भीड़ में रहकर भी मैं तन्हा,
जैसे कोई छूटा सपना।
आवाज़ें हैं, शोर बहुत है,
पर मन में गहरा सन्नाटा।

चाँद भी मुझसे बात न करे,
तारों ने भी मुँह मोड़ लिया।
हवा भी अब सहलाती नहीं,
ख़ामोशी ने सब तोड़ दिया।

खिड़की से देखूँ उस गली को,
जहाँ कभी मेरा बचपन था।
दोस्तों की हँसी गूँजती थी,
अब हर कोना वीरान सा।

कभी-कभी ये दिल कहता है,
शायद ये पल भी बीतेंगे।
अकेलापन एक साथी बनकर,
किसी दिन मुझसे ही जीतेंगे।

पर तब तक चुपचाप खड़ा हूँ,
ख़ुद से ही बातें करता हूँ।
जो खो गया, जो छूट गया,
उन यादों में रोज़ गुजरता हूँ।

27. पथिक

चल पड़ा मैं अनजान राहों पर,
सपनों की गठरी कंधे पर।
न मंज़िल का कोई ठिकाना,
न पीछे मुड़कर देखने का बहाना।

सूरज की तपिश को सहता गया,
आंधी और बारिश में बढ़ता गया।
कभी पगडंडियाँ काँटों से भरी,
कभी मखमली घास की डगर मिली।

मंज़िल की तलाश में चलता रहा,
हर मोड़ पर कुछ नया मिलता रहा।
कभी राह आसान, कभी कठिनाई,
पर रुका नहीं, बढ़ता ही आया भाई।

मैं पथिक हूँ, सफ़र ही मेरा जीवन है,
हर मोड़ पर नया इक अनुभव है।
न मंज़िल की चिंता, न थकान की बात,
बस चलते जाना, यही है मेरी सौगात।

28. अंतर्ध्वनि का कंपन

अतल गहराई में, मन का सागर सो रहा,
अज्ञात नक्षत्रों सा, तम में डूबा खो रहा।
संशय के धूमिल बादल, घेरें अस्तित्व मेरा,
आशा की एक किरण, ढूंढे किनारा सुनहरा।

अंतर की वीणा में, कंपित नाद कोई जागे,
स्मृतियों के रेशमी धागे, बंधन सब भागे।
भूतकाल की छाया में, वर्तमान थरथराता,
भविष्य की अनिश्चितता, मन को दहलाता।

पर मौन की भाषा में, छुपा है एक संदेश गहन,
आत्म-ज्ञान की ज्वाला में, भस्म हो जाएगा दहन।
धैर्य की नौका से, पार करूँगा मैं यह सागर,
अंधेरे को चीर कर, उग आएगा नया सूरज प्रखर।

29. अंतर्मन

अंतर्मन की गहराई में, एक ख़ामोशी बसी है,
अनछुए विचारों की, एक अज़ेय सी कशी है।
मन की लहरें उठतीं हैं, पर बाहर नहीं आतीं,
वो छुपी हुई जज़्बात, केवल दिल में समातीं हैं।

बाहरी दुनिया से निस्संग, फिर भी सबकुछ महसूस होता,
इंसान का असली रूप, यहाँ हर पल बदलता।
कभी सुख की मीठी बयार, कभी दुख की भारी धारा,
अंतर्मन के रंगों में, सबकुछ होता है सहारा।

चाहे न समझे कोई, ये अंतरंग यात्रा मेरी,
हर ख्वाहिश, हर डर, हर विचार, ये सभी मेरी।
इस गहरे सागर में, कभी सुख, कभी विषाद है,
अंतर्मन की आंतरिक धारा, बस उसी के साथ है।

अंतर्मन का सच, सच्चाई से परे है,
यह स्वयं से जूझते, कुछ खोजता सा है।
जिसे समझ सको, वो अनकही सी बात है,
अंतर्मन की गहराई, केवल आत्मा की खास बात है।

30. संवेदना

मन के कोमल तारों में,
एक धड़कन सी बस जाती है।
दुख पराए हों या अपने,
संवेदना सबको छू जाती है।

कभी किसी की पीड़ा में,
आँखें नम हो जाती हैं।
कभी किसी की मुस्कान देख,
रूह भी खिलखिला जाती है।

शब्दों से परे जो जुड़ जाए,
वो सच्ची अनुभूति है।
दिल से दिल को जोड़ सके,
वो ही असली संवेदना है।

कभी ओस बनकर गिरती है,
कभी आँसू में बह जाती है।
संवेदना बस प्यार का रंग है,
जो हर मन को महकाती है।

31. दर्द का रिश्ता

दर्द का भी अपना एक रिश्ता होता है,
बिन कहे, बिन सुने, गहराई में खोता है।
कभी अश्कों में ढलता, कभी सिसकियों में,
कभी ख़ामोश रहता, तो कभी लफ्ज़ों में।

जो पास होते हैं, वही दूर कर जाते हैं,
अपने ही ज़ख़्म कभी और गहरे कर जाते हैं।
दर्द का रिश्ता अनकहा सा रहता है,
दिल में धड़कता, पर जुबां से नहीं बहता है।

कभी ये बिछड़ने की तन्हाई में रोता है,
कभी अपनों के बदल जाने पर खोटा है।
पर एक सच्चाई इसमें भी छुपी होती है,
दर्द ही तो हर एहसास को गहराई देता है।

जो सह लेता है, वो और मज़बूत बन जाता है,
दर्द से निखरकर ही इन्सान कुछ नया रच पाता है।
यह रिश्ता कड़वा सही, मगर सच्चा भी है,
जो इसे समझ ले, वही जीवन को गहराई से जीता है।

32. हँसी के पीछे का दर्द

हँसी के पीछे छुपा है एक ग़म,
जो दिल में चुपके से बैठा है कुछ कम।
जैसे बारिश के बाद आकाश साफ़ दिखता है,
वैसे ही हँसी में दर्द का पहरा भी दिखता है।

चेहरे पर मुस्कान है, दिल में तन्हाई,
सपनों में कहीं खो जाती है सच्चाई।
हँसी में छुपा एक अकेला सा दर्द है,
जो कभी बाहर नहीं आता, सिर्फ भीतर तक फैलता है।

जब हम हँसते हैं, तो दिल के तार टूटते हैं,
आँखों में जलते हुए सपने नहीं दिखाई देते हैं।
राहों में हँसी के फूल खिले होते हैं,
लेकिन उनके नीचे काँटों की छांव सिसकते हैं।

तुम देख नहीं सकते उस हँसी के पीछे का राज़,
कभी कोई महसूस करे, तो समझे उस उदास।
कभी ग़म को छुपाने के लिए मुस्कान की राह पकड़ते हैं,
कभी हँसते हुए भी, दिल की सच्चाई को दबा लेते हैं।

हँसी की परछाई में दर्द का बसेरा है,
हर दिल में ये कहानी बसी सच्चाई है।
कभी न समझ पाएंगे लोग, इस हँसी के पीछे का ग़म,
क्योंकि हँसी का चेहरा छुपा रहता है दर्द के गहरे ग़ुम।

33. मौन संवाद

मौन में भी गूँज होती है,
शब्दों से परे कुछ बात होती है।
नयन बोलते हैं जब अधर चुप हों,
हृदय में संवेदनाओं की बरसात होती है।

एक चुप्पी, हजार एहसास,
बिन बोले भी कह जाते हैं खास।
हवा की सरसराहट में,
धड़कनों की आहट में,
एक अदृश्य संवाद साकार होता है।

शब्दों की ज़रूरत कहाँ पड़ती है,
जब आत्माएँ खुद ही जुड़ती हैं।
समझने वाले बिन कहे समझते हैं,
मौन में ही जीवन की सच्चाई मिलती है।

अगर मौन को पढ़ना सीख जाओ,
तो हर धड़कन में प्रेम का संगीत पाओ।
क्योंकि कभी-कभी खामोशी ही,
सबसे सुंदर संवाद कहलाती है।

34. वक्त की खामोशी

वक्त की खामोशी, बड़ी अजीब होती है,
कुछ कहती नहीं, फिर भी सब कुछ होती है।
न आवाज़ में, न शब्दों में,
लेकिन फिर भी दिल में गहरी जो होती है।

ये खामोशी, न कोई शोर करती है,
पर दिल के कोने में गहरी जड़ें करती है।
कभी तो ये सन्नाटा, भीतर तक चुप हो जाता है,
और कभी ये खामोशी, एक सवाल सा बन जाता है।

बिना बोले, बहुत कुछ कह जाती है,
कभी दर्द, कभी ख्वाब, ये सब सहेज ले जाती है।
वक्त की खामोशी, हमें समझाती है,
जो नहीं बोला, वही अक्सर सच्चाई होती है।

हम ढूँढते रहते हैं शब्दों में जवाब,
पर खामोशी खुद में सबसे बड़ा राज़ है।
वक्त की खामोशी, कुछ नहीं कहती,
लेकिन सब कुछ कह जाती है, बिना बोले ही।

35. निश्छल प्रेम

निश्छल प्रेम, बिन किसी शर्त के होता है,
यह दिल से दिल का एक अनमोल राग होता है।
न कोई अपेक्षा, न कोई चाहत,
बस एक सच्चा सा एहसास, जो दिल में समाहित रहता है।

यह प्रेम न शब्दों में बंधता है,
न किसी बंधन में बंधता है।
यह तो एक आत्मा से जुड़ाव है,
जो समय की सीमाओं से परे, बस शुद्ध है।

कभी आँखों की नमी में बहे प्यार के आँसू,
कभी खामोशी में भी बोलती है, यह दिल की आवाज़।
निश्छल प्रेम में न कोई छल होता है,
यह तो एक अमिट विश्वास होता है।

जब दो दिल मिलते हैं, बिना किसी डर के,
बस उसी पल साकार होता है यह प्रेम सच्चे।
न उम्मीदें, न कोई फर्क,
बस समर्पण और विश्वास से सजी यह यात्रा।

निश्छल प्रेम, स्वच्छ और निर्मल है,
यह तो वो धारा है जो कभी रुकती नहीं,
हर दर्द और तकलीफ को भी अपने साथ ले जाता है,
और बिना शर्त के, दिलों को जोड़ता है।

36. सपनों के पीछे भागती दुनिया

सपनों के पीछे भागती ये दुनिया,
थकते नहीं हैं इसके कदम,
हर आँख में एक तारा चमकता,
हर दिल में कोई अधूरा भरम।

कोई दौड़े सोने-चाँदी के पीछे,
कोई इश्क़ में हो बेकरार,
कोई रचाए सपनों का महल,
कोई ढूँढे सुकून की धार।

रातें जागती उम्मीदों में,
सवेरे फिर नई राहों पर,
मंज़िल का पता नहीं कोई,
पर चल पड़े हैं इन राहों पर।

भागते-भागते भूल गए हैं,
कि जीना भी है इस सफ़र में,
सपने सच हों, इससे पहले,
खुशियाँ रख लें अपने असर में।

37. रिश्तों की ज़रूरत या ज़रूरत के रिश्ते

कभी-कभी रिश्तों की ज़रूरत होती है,
जब दिल अकेला, दुनिया से दूर होता है।
खालीपन में कोई छांव चाहिए,
दिल में गहरे राज़ों की चाहत होती है।

रिश्ते बनते हैं सच्चाई से, न कि स्वार्थ से,
कभी आस्था से, कभी विश्वास से।
लेकिन कुछ रिश्ते होते हैं सिर्फ़ ज़रूरत से,
जो समय के साथ टूटते हैं और बदलते हैं मन की ख्वाहिश से।

हम रिश्तों में उम्मीदें बुनते हैं,
कभी उन उम्मीदों में तिनके जैसे टूटते हैं।
क्या ज़रूरत के रिश्ते कभी सच्चे होते हैं?
या सिर्फ़ दिल की घुटन और पलायन की खोई होती है राहें?

रिश्तों की ज़रूरत होती है, जब प्यार सच्चा होता है,
जब दिल से दिल जुड़ा होता है, और कोई उम्मीद नहीं होती है।
लेकिन ज़रूरत के रिश्ते बस समय की छांव बनते हैं,
जिनमें असली सच्चाई और प्रेम कहीं खो जाते हैं।

रिश्ते तब सच्चे होते हैं, जब उन्हें कोई स्वार्थ नहीं चाहिए,
जब हम बिना किसी शर्त के बस एक-दूसरे के पास रहते हैं।
लेकिन जब ज़रूरत से रिश्ते बंधते हैं,
तो अक्सर वो टूटने का खतरनाक रास्ता चुनते हैं।

38. फिर भी कहीं उम्मीद की किरण बाकी है

अंधेरों के साए घने हो गए,
ख़्वाबों के रंग भी धुंधले पड़े।
टूटते रिश्ते, बिखरती सदाएँ,
खामोश रातें, बुझी सी दिशाएँ।

पर फिर भी कहीं उम्मीद की किरण बाकी है,
टूटे हुए दिल में अब भी धड़कन बाकी है।
एक नन्हा दिया हवा से लड़ा है,
जलने की ज़िद में वो अड़ा है।

संघर्ष की हर राह सुनसान सही,
मंज़िल की मिट्टी वीरान सही।
पर एक कदम जो आगे बढ़े,
तो राहों में फूल भी खिलते दिखे।

आसमान पर बादल घने क्यों न हों,
सूरज की हल्की चमक बाकी है।
हजारों अंधेरों के बीच भी देखो,
फिर भी कहीं उम्मीद की किरण बाकी है।

39. अविस्मरणीय

वो एक पल था, जब वक्त थम सा गया,
सपनों की महक, हवा में घुल सा गया।
आँखों में बसी थी कुछ अनकही सी बातें,
दिल की गहराई में, प्रेम की नन्ही सी राहें।

वो पहली मुलाकात, वो नज़रें जिनमें ख़्वाब थे,
हंसी में छिपे थे हजारों राज़, बिना किसी डर के।
हाथों में हाथ था, सपनों की लोरी थी गूंजती,
हर लम्हा जैसे धरती से आसमान तक पहुँचती।

आज भी वो पल, वो मीठी सी यादें,
वो आवाज़, वो सूरत, जैसे दिल में ताज़ा हवाएँ।
अविस्मरणीय हैं वे क्षण, जो जीते थे साथ,
हर सोच में बसते हैं, जैसे किसी ने छेड़ी हो बात।

राहें बदल गईं, और समय ने लीं करवटें,
लेकिन वो यादें, कभी न होंगी मिटतीं।
कभी भी दिल में वो लम्हें हर शांति में गूंजते हैं,
जैसे कोई मीठा संगीत हो, जो जीवन में हमेशा बजते हैं।

वो पल, वो चेहरे, अब भी दिल में बसे,
कभी न भूलेंगे, वे अविस्मरणीय रूप,
जो हमसे जुड़े थे, बिना किसी शर्त के,
वे हमारी यादों में हमेशा, अमर रहेंगे।

40. फिर भी अधूरी सी हर एक मुलाकात

बातें हुईं, निगाहें मिलीं,
फिर भी दिलों की दूरी रही।
लबों पर हँसी, मन में कसक,
जाने क्यों ये अधूरी रही।

चंद लम्हों का संग सफर था,
पर एहसासों का सिलसिला गहरा था।
शब्द कहे, पर कुछ अनकहे रह गए,
वक़्त की शाखों पर अरमान झूलते रह गए।

हाथ छूकर भी छू ना सके,
रूह की वो गहराइयाँ।
पास आकर भी दूर रहे,
मिलन की उन परछाइयाँ।

शायद यही मोहब्बत की रीत है,
हर मुलाकात में थोड़ी कमी है।
फिर भी इस अधूरेपन में,
एक अनकही सी नमी है।

41. वो तो एहसास है, जो आत्मा में गढ़े

वो तो एहसास है, जो आत्मा में गढ़े,
ना शब्दों में बंधे, ना लफ्ज़ों से झड़े।
एक सुकून भरी दस्तक दिल के करीब,
जो छू ले हल्के से, और रूह में उतरे।

ना ये धूप-छाँव, ना कोई सरहद,
ना कोई वादा, ना कोई हद।
बस बहता रहे जैसे शांत दरिया,
हर लहर में हो प्रेम का ज़रिया।

ये धड़कनों के गीत में घुलता,
हर साँस के संग मधुरता में खुलता।
बिन देखे, बिन कहे समझा जाए,
जो रूह से रूह तक खुद ही पहुँच जाए।

वक्त बदले, मौसम बदलें,
पर ये एहसास कभी ना ढले।
क्योंकि वो तो एहसास है,
जो आत्मा में गढ़े।

42. अब और नहीं

अब और नहीं ये खामोशियाँ,
अब और नहीं ये तन्हाइयाँ।
जो कहना था, वो कह दिया,
जो सहना था, वो सह लिया।

अब और नहीं ये झुकी हुई आँखें,
अब और नहीं अधूरे से वादे।
जो बीत गया, उसे छोड़ दिया,
अब आगे बढ़ने की राहें।

अब दर्द को शब्द नहीं दूँगा,
अब आँसू को अर्थ नहीं दूँगा।
जो मेरा है, वो मैं चुनूँगा,
अब खुद से ही प्रेम करूँगा।

अब और नहीं ये बेबसी,
अब और नहीं ये थकान।
अब मैं अपनी रोशनी बनूँगा,
अब होगा नई सुबह का गान।

43. .खुद को समझने की राह

खुद को समझने की राह अनजान सी होती है,
कभी हल्की सी, कभी तूफ़ान सी होती है।
जहाँ हर कदम पर आत्मा की पुकार होती है,
जहाँ दिल की आवाज़ को सुनने की ख़्वाहिश होती है।

आत्मचिंतन का वक़्त, कभी आसान नहीं होता,
हर ग़म, हर खुशी, एक ताजगी जैसा होता है।
नज़रें भीतर की ओर मोड़ो तो पता चलता है,
की छुपे हुए जवाब हम खुद में ही रखते हैं।

जब दिल की चुप्प को सुन पाओ,
जब दिमाग़ की शोर में शांति पा सको,
तब समझ पाओगे, कि जीवन क्या है,
क्योंकि खुद को जानने की राह हमेशा भीतर से होती है।

कभी परछाई की तरह खुद के साथ चलो,
कभी अंधेरे से रोशनी की ओर बढ़ो।
हर कदम पर खुद को फिर से महसूस करो,
तभी खुद को समझने की राह सही होती है, वो रौशनी मिलती है।

44. अनकही कहानी

हर चेहरे के पीछे, एक अनकही कहानी छुपी है,
जो लफ़्ज़ों में नहीं, मगर आँखों में दिखती है।
कोई दर्द समेटे, कोई हँसी में छिपाए,
कोई ख़ामोश रहकर भी, हर बात कह जाए।

कुछ पन्ने मुड़े हुए, कुछ धुंधले से अल्फ़ाज़,
कभी बारिश में भीगे, कभी जलते हुए जज़्बात।
कुछ सवाल अधूरे, कुछ जवाब खो गए,
कभी अपनों से छुपे, कभी खुद से ही खो गए।

कभी लिखने चले, तो कलम रुक गई,
दिल की हलचल में, धड़कनें थम गईं।
यह कहानी जो सीने में दबी रह गई,
समय के संग, बस धुंधली सी बह गई।

पर कहानियाँ कभी खत्म नहीं होती,
वो यादों में रहती हैं, साँसों में बहती हैं।
कभी कोई समझ ले, तो अधूरी नहीं लगती,
अनकही होकर भी, पूरी सी लगती।

45. गुमशुदा मुस्कान

गुमशुदा मुस्कान, एक खोई हुई धड़कन,
जो कभी चहकती थी, अब है एक सन्नाटा।
हवाओं में उसकी खुशबू छिपी रहती है,
पर दिल में वह बात नहीं, जो कभी थी।

वो जो हर दर्द को हंसी में बदल देती थी,
वो जो ग़म में भी उम्मीद का सूरज उगाती थी।
अब कहाँ है वह चाँद सी मुस्कान,
जो हर मोड़ पर हमें रास्ता दिखाती थी?

संग चलती थी जैसे बारिश की बूँदें,
हर दिन नया ख्वाब सजाती थी।
उसके बिना, हर सुबह वीरान लगती है,
उसकी हंसी में जो मिठास थी, वह खो जाती है।

गुमशुदा मुस्कान, क्या तुम लौट आओगी?
क्या फिर से उजाले के साथ खिलोगी?
या फिर चुपके से कहीं दूर,
अपने ग़मों को अपनी चुप्प में समेट लोगी?

मुझे यकीन है, कहीं न कहीं तुम हो,
तुम्हारी हंसी अब भी, मेरी यादों में बस हो।
गुमशुदा मुस्कान, एक दिन तुम लौटोगी,
और फिर से मेरे दिल को अपना रंग दे जाओगी।

46. टूटते पल

टूटते पल, जैसे कांच की किरचें,
जो बिखरकर दिल में गहरी चोट देती हैं।
हर लम्हा, जो कभी चमकते थे,
अब बस यादों के धुंधले आकाश में खो जाते हैं।

टूटते पल, वो जो कभी हमारी खुशी थे,
अब उन लम्हों में गहरी उदासी छुपी रहती है।
हर हंसी, जो दिल से निकलती थी,
अब बस एक खामोशी में तब्दील हो जाती है।

कुछ यादें टूटकर बिखर जाती हैं,
जैसे रेत पर लिखा एक सपना।
हर ख्वाब, हर वादा, अब अधूरा सा लगता है,
कभी पूरा होने की उम्मीद में टूट जाता है।

टूटते पल, दिल की लहरों में उथल-पुथल मचाते हैं,
पर फिर भी, वे हमें जीने का तरीका सिखाते हैं।
वो दर्द, वो खोया हुआ वक्त,
हर टूटते पल से हमें कुछ नया मिलता है, एक नई शुरुआत।

कभी लगता है, कि यह पल कभी पूरे नहीं हो पाएंगे,
लेकिन टूटने के बाद भी, हम फिर से सँभल जाते हैं।
हर बिखरी हुई कड़ी, फिर से जोड़ पाते हैं,
टूटते पल हमें यह सिखाते हैं, जीवन को फिर से नयी उम्मीद से जीना है।

47. स्वर्णिम अभिलाषा

प्रिये, तुम्हारी चितवन, क्षितिज सी असीम,
स्वप्नों के सागर में, नव किरण की रश्मि।
अलौकिक आभा, हृदय में भरती अनुराग,
जैसे मधुमास में, भ्रमर करे पराग।

तुम्हारा मुखमंडल, चंद्रिका की छवि,
अलकों की घटा, जैसे सावन की रवि।
नैसर्गिक सौंदर्य, मन को करता विवश,
प्रेम की गहराई में, डूबे है हम निश।

तुम्हारी वाणी, कोयल की कूक समान,
हर शब्द में अमृत, हर गीत में प्राण।
अनुपम स्पर्श, विद्युत सी लहर,
रोम-रोम में जागे, प्रेम का कहर।

तुम्हारे बिना जीवन, एक शून्य सा लगे,
हर पथ वीरान, हर क्षण बैरागे।
बस एक इच्छा, एक अभिलाषा स्वर्णिम,
तुम्हारे आंचल में, बीते ये जीवनम्।

आओ हम रचें, प्रेम का एक इतिहास,
जहां हर साँस में हो, विश्वास और उल्लास।
अनादि अनंत तक, बंधे रहें हम ऐसे,
जैसे राधा-कृष्ण, प्रेम में हों तल्लीन जैसे।

48. विस्मृति का सागर

धुंधली यादों के तट पर खड़ा,
अकेला एक पथिक मैं भटका।
स्मृतियों के भग्न जहाज मेरे,
विस्मृति के सागर में डूबा।

हर लहर एक भूली कहानी,
हर बुलबुला एक टूटा सपना।
काल का क्रूर चक्र चला ऐसा,
मिटा डाला रंग और अपना।

हृदय मेरा व्याकुल विहंग सा,
चाहता है खोया नीड़ पाना।
पर नियति की निर्मम हवाएँ,
उसे ले जाती हैं दूर, अनजाना।

शब्द मौन हैं, अर्थ हैं गहरे,
पीड़ा है जो चुपके से बहती।
जीवन एक जटिल पहेली है,
जिसका हल हर पल बदलती।

शायद अंत हो विस्मृति का भी,
शायद मिले फिर से किनारा।
पर तब तक, मैं बहता जाऊँगा,
इस सागर में, बेचारा, बेसहारा।

49. निर्जन रात

निर्जन रात की गहराई में,
चाँद चुपचाप नींद से भागा रहता है।
तारे आकाश की काली कागज़ पर लिखते हैं,
उम्मीदों की लाखों कहानियाँ।

हवा में धूल की धूनियाँ उड़ती हैं,
पेड़ अपने पत्तों से फुसफुसाते हैं।
साँप गुहा से बाहर निकलकर,
चाँद की चाहत से गाता रहता है।

दूर से बजती घड़ी की आवाज़,
समय को बाँटती गुज़रती है।
मन में खो गई यादें उठती हैं,
पुरानी दिनों की गुमनाम छवियाँ।

इस रात में तुमसे दूर होकर,
मेरा दिल तुम्हारी यादों से भर जाता है।
हर तारा, हर साँप, हर पत्ता,
तुम्हारा नाम पुकारता रहता है।

50. कच्चे घरों का आँगन

कच्चे घरों का आँगन अपना,
माटी की खुशबू में बसा सपना।
जहाँ सुबहें होतीं रसभीनी,
और शामें चूल्हे संग सुनहरी।

बरगद की छाया ठंडी लगती,
खिलखिलाते बचपन की गूँजें बसतीं।
नंगे पाँव दौड़ते सपने,
बूँदों संग झूमते अपने।

दीवारें कच्ची, रिश्ते पक्के,
मन के धागे, प्रेम के चक्के।
साँझ ढले जब दीप जलें,
बूढ़ी दादी कहानियाँ कहे।

आज भी जब मन थक जाता,
गाँव का आँगन याद दिलाता।
कच्चे घरों की वह सौंधी महक,
अब भी मन को भिगो ही जाती।

51. प्राची से प्रतीची तक

प्राची से उठे सूरज की किरणें,
स्वर्णिम आभा बिखेरें गगन में।
नव आशा का दीप जलाकर,
करें रौशन पथ इस जीवन में।

धीरे-धीरे बढ़े प्रकाश,
लहराए जग में नई उमंग।
श्रम से सिंचित धरा हमारी,
खिलते हैं सपनों के रंग।

संघर्षों की छाया भी आए,
पर हिम्मत की ज्योति ना जाए।
हर पग पर हों नई मंज़िलें,
हर क्षण में उमंग समाए।

और जब प्रतीची में सूरज ढले,
थके पथिक को विश्राम मिले।
दिनभर की यात्रा साकार हो,
सपनों को फिर आकार मिले।

प्राची से प्रतीची तक का सफर,
बस कर्म और उम्मीदों का स्वर।
हर क्षण में नव उत्साह जगे,
हर दिवस बने एक नई डगर।

52. नज़रें जो देखती हैं, वो सब कुछ नहीं

नज़रें जो देखती हैं, वो सब कुछ नहीं,
कभी कुछ छुपा होता है, जो कहता नहीं।
आँखों के आईने में जो तस्वीर दिखती है,
वो दिल के कोने में कहीं और बिखरी होती है।

दूर से हर चीज़ साफ-साफ नजर आती है,
पर करीब से अक्सर कुछ नज़र नहीं आता है।
हकीकत से परे, छुपा है एक संसार,
जो छुपा हो, वही सबसे प्यारा और अपार।

जैसे कोई दर्द छुपा हो मुस्कान के पीछे,
या कोई ख़ुशी छुपी हो आँसुओं की राहों में।
नज़रें जो देखती हैं, वो सब कुछ नहीं,
बहुत कुछ है जो दिल के पास छुपा रहता है,जिसे शब्द कभी नहीं कह
पाते।

53. विस्मृति की छाया

धूलि-धूसरित स्मृतियों का, एक घना परिवेश,
अश्रु-सिंचित आकांक्षाओं का, मौन अवशेष।
अंतर्द्वंद्वों की भंवर में, मन डूबा आज,
खो गया कहीं, सपनों का मधुमय राज।

काल की करुण सरिता में, बहता निशदिन,
आत्म-विस्मृति की गहन गुफा में, लिप्त विहन।
अतीत के पन्नों को पलटने का प्रयास,
पर ढूंढता हूँ मात्र विफलता का आवास।

भावनाओं के क्षितिज पर, छाया है धुंध,
अकेलापन, विरह वेदना का, अटूट अनुबंध।
खोया हुआ वजूद, खोजता है अस्तित्व अपना,
जैसे पतझड़ में वृक्ष ढूंढे, सावन का सपना।

हृदय में दबी है एक अनकही पीड़ा,
जैसे टूट कर बिखरा हो, आशा का क्रीड़ा।
नियति का चक्र चलता है भीषण, निर्दय,
शून्य मन, विचलित तन, निराशा का आश्रय।

पर फिर भी, एक सूक्ष्म किरण है अवशेष,
जो देती है प्रेरणा, जीवन का परिवेश।
भले अतीत का छाया हो गहरा आवरण,
भविष्य में खिलेगा नूतन, स्वर्णिम आवरण।

54. जीवन प्रवाह

नदियों सा यह जीवन बहता,
कभी सरल तो कभी उलझता।
धूप-छाँव का खेल अनोखा,
हर पल इसमें कुछ नया लिखता।

कभी खुशी की लहरें उठती,
कभी ग़म के बादल छाते,
पर ठहराव कहाँ है इसमें,
बस आगे ही बढ़ते जाते।

संघर्षों की धार तेज़ है,
हौसले की कश्ती साथ लिए,
हर लहर हमें सबक सिखाए,
हर मोड़ नया रास्ता दिखाता।

गिरकर भी फिर संभलेंगे,
बाधाओं को पार करेंगे,
जीवन का यह प्रवाह निरंतर,
हम भी संग इसके बढ़ेंगे।

55. तुम्हारा एहसास

तुम्हारा एहसास, जैसे ठंडी हवा का झोंका,
जैसे पहली बारिश की बूंदों में भीगा कोई कोना।
हर पल मेरे साथ रहता है,
ख़ामोशी में भी कुछ कहता है।

तुम्हारा एहसास, मीठी धूप सा लगता है,
दिल के हर कोने में चुपके से बसता है।
जब भी आँखें बंद करूँ, तुम पास नज़र आते हो,
सांसों में घुली तुम्हारी महक, मुझसे कुछ कह जाती हो।

कभी वो अधूरी हँसी, कभी वो रूठना,
कभी नज़रें चुराना, कभी बेवजह टूटना।
इन सब लम्हों में जो साथ रहता है,
वो सिर्फ़ तुम्हारा एहसास रहता है।

तुम दूर सही, पर एहसास क़रीब है,
जैसे चाँदनी में भी रहता चाँद का नसीब है।
तुम्हारी यादों का कारवाँ यूँ ही चलता रहेगा,
तुम रहो या न रहो, एहसास यूँ ही महकता रहेगा।

56. जीवन का सफर

जीवन है एक बहता दरिया,
हर मोड़ नया, हर लहर जिया।
कभी ख़ुशियों की धूप सुनहरी,
कभी दुखों की छाँव घनेरी।

चलते-चलते सीखते जाते,
हर मुश्किल से लड़ते जाते।
कभी गिरते, कभी संभलते,
हर पल खुद को नया गढ़ते।

सपनों की दुनिया आँखों में,
सच करने की चाह मन में।
राहों में कांटे भी होंगे,
पर हौसले कब हारेंगे?

अपनों का संग, कुछ यादें प्यारी,
कभी बरसात, कभी फुहारें न्यारी।
कभी अकेले, कभी भीड़ संग,
हर लम्हा देता इक नया रंग।

जीवन का यह सफर सुहाना,
हर क्षण में है कुछ अनजाना।
हँसते-गाते, बढ़ते जाओ,
अपने सपनों को सच बनाओ।

57. अकेलेपन की गूँज

ख़ामोशियों में इक साज़ बजता,
मन के कोने में कोई तन्हा रहता।
हर साँस जैसे पुकारे किसी को,
पर जवाब में सन्नाटा कहता।

दरो-दीवार भी चुपचाप खड़े,
परछाइयाँ भी अब बात न करें।
हवा भी ठहरी-सी लगती है,
जैसे बीते लम्हे पास आ खड़े।

कभी कोई दस्तक दे जाता,
पर लौट भी जाता अनजाना।
मन के वीराने गलियारों में,
बस यादों का है आबाद ख़जाना।

कुछ बातें जो कहनी थीं,
अब वो भी मुझसे रूठ गईं।
ख़ुद से बातें करता रहता,
सुनने वाले अब छूट गए।

पर इस सन्नाटे की आवाज़ में,
कुछ नया भी जन्म लेता है।
अकेलापन जब दोस्त बन जाए,
तो ख़ुद का एहसास होता है।

58. नई राहें

नई राहें खोजता हूँ, हर मोड़ पर,
मन के भीतर जो डर था, अब उसे छोड़ दूँ।
हर मुश्किल को हल्के से मुस्कुराकर देखूं,
खुद से कहूँ, अब आगे बढ़ूँ, खुद को और पक्का करूँ।

सपनों की जो उड़ान थी, अब उसे हकीकत बनाऊं,
जो ठहरे थे कभी, अब वो कदम तेज़ चलाऊं।
हर दिन एक नयी शुरुआत है, हर रात कुछ सीखा है,
मन में उम्मीदों का सूरज, हर दिन उगा है।

सफलता का रंग देखा नहीं, पर हिम्मत से उसे पाऊं,
जो गिरकर उठना नहीं सीखा था, वो अब हर बार चलाऊं।
हर दर्द को हंसी में छुपाकर, आगे बढ़ता जाऊं,
नई राहों में खुद को हर बार फिर से पाऊं।

जिंदगी की किताब में हर पन्ना नया हो,
जो ना देखा था कभी, अब वो सपना साकार हो।
न कोई डर, न कोई झिझक, बस मेरा आत्मविश्वास,
मैं आगे बढ़ता जाऊं, और चढ़ता रहूं जीवन का आकाश।

59. हौसले की उड़ान

हवा के रूख से मत डर,
अपनी ताकत पर ऐतबार कर।
पंख हैं तेरे, तो उड़ भी सकता,
बस खुद पर विश्वास कर।

रास्ते में होंगे अंधेरे घने,
कदम-कदम पर होंगे तुफ़ान नए।
पर तू न घबरा, न हार मान,
आसमान भी तेरा, तेरी ही पहचान।

सपने जो देखे, पूरे होंगे,
अगर उन्हें सच में जी लेगा।
गिरने से डर मत ऐ परिंदे,
उड़ने का मज़ा तभी मिलेगा।

हौसलों की जोत जला ले,
हर मुश्किल को आज़मा ले।
आसमान भी झुकेगा तुझ तक,
बस खुद को ऊँचा उठा ले।

60. एक नया सवेरा

राM के अंधेरों को छोड़ आओ,
सपनों की नई डगर सजाओ।
उजाले की किरणें दस्तक दे रहीं,
उठो, नया सवेरा बुला रहा।

कल की बातें बीत चुकी हैं,
आज नया सूरज खिला हुआ है।
हर किरण में आशा चमकती,
हर हवा में जीवन बसा हुआ है।

अंधेरों में जो सहम गए थे,
अब रोशनी संग चलना सीखो।
डर को पीछे छोड़कर देखो,
नए सपनों को पलकों में रखो।

नयी सुबह, नई उम्मीदें,
हर कदम पर नई तरकीबें।
चलो मुस्कुराकर सफर करें,
खुद से एक नया वादा करें।

61. कोमल स्नेह

कोमल स्नेह, मंद समीर,
जैसे फूलों पर गिरी कोई नन्ही नीर।
बिन बोले भी कह जाता है,
हर स्पर्श में प्रेम बिखर जाता है।

माँ के आँचल की ममता जैसी,
संध्या की शीतल छाया जैसी,
हाथों की नरम थपकी जैसी,
स्नेह की कोमल माया वैसी।

न लहरों सा उतार-चढ़ाव इसमें,
न आंधी-तूफान की राहें हैं,
यह तो बस बहता दरिया है,
जो हर बंधन से परे है।

न शिकायत, न शर्तें कोई,
बस निश्छल प्रेम का दीप जले,
जहाँ कोमलता में बसी हो दुनिया,
वहीं सच्चा स्नेह पले।

62. अनकही बातें

हवा में घुली हैं कुछ अनकही बातें,
लबों तक आईं, फिर रुक गईं बातें।
दिल ने कहा था, पर कह न सके,
कभी रातों में जागी, फिर सो गईं बातें।

काग़ज़ पे उतरीं, पर लिखी न गईं,
आँखों में चमकीं, पर देखि न गईं।
दिल के किसी कोने में छुपी रहीं,
साँसों के संग बस चली गईं बातें।

कभी बारिश की बूंदों में घुलीं,
कभी चाँदनी में अकेली झुलीं।
कभी लहरों के संग बह चलीं,
फिर किनारों पे आके ठहर गईं बातें।

शायद ये बातें मुकम्मल न हों,
शायद ये लफ़्ज़ों में ढलें ही नहीं।
पर एहसास की खुशबू लिए,
दिल में सदा यूँ ही बहेंगी बातें।

63. जीवन की राह

जीवन की राह पर, चल रहा हूँ मैं,
अनजान मंज़िल की ओर देखता हुआ।
कभी धूप कड़ी, कभी छाँव घनी,
राहों में मिलती खुशी और गम की कहानी।

पत्थर भी आते, काँटे भी चुभते,
पर हौसला मेरा कभी ना झुकते।
गिरता हूँ, उठता हूँ, फिर चल पड़ता हूँ,
अनुभवों से सीख, आगे बढ़ता हूँ।

कुछ साथी मिलते, कुछ छूट भी जाते,
यादें उनकी, दिल में बस जाते।
यह जीवन की राह है, एक लम्बा सफ़र,
हर पल एक नया अनुभव, एक नया सबर।

मंज़िल मिले या ना मिले, ये तो किस्मत की बात है,
पर राह पर चलना, यही जीवन का साथ है।

64. प्रेम का रंग

प्रेम है सुगंध, प्रेम है साज,
प्रेम है धूप, प्रेम है आवाज़।
दिल की गहराइयों से उठता यह एहसास,
न कोई सीमा, न कोई बनावटी लिबास।

यह बहती हवा सा कोमल,
कभी चंचल, कभी अडिग, कभी निर्मल।
यह समंदर की लहरों सा चंचल,
कभी शांत, कभी तूफानी पल-पल।

प्रेम न कुछ माँगे, न कुछ चाहे,
बस दिलों को दिलों से जोड़े और सहे।
जहाँ प्रेम हो, वहाँ न कोई दरार,
हर रिश्ता उसमें महके बारंबार।

यह आँखों की भाषा है, यह दिल की पुकार,
यह राधा की भक्ति, यह मीरा का प्यार।
जो इसमें डूबा, वो अमर हो गया,
जो इससे भागा, वो तन्हा खो गया।

प्रेम न धन से, न शब्दों से बंधता,
यह तो आत्मा की गहराइयों में बसता।
जहाँ प्रेम, वहाँ रोशनी हर ओर,
बस चलो प्रेम की राह, अनंत की ओर।

65. गाँव की चौपाल

गाँव की चौपाल पर बैठा है सन्नाटा,
चारों ओर बसी है प्यारी सी बाता।
बूढ़े लोग बैठे, सुनाते हैं पुरानी कहानियाँ,
हर चेहरे पर एक मद्धम सी मुस्कानियाँ।

चूल्हे की आंच में झलकती हुई रौशनी,
गाँव की हर गलियों में बसी है सादगी।
कभी यहाँ ग़ज़लें, कभी यहाँ गीत होते थे,
सपनों के रंग भी इसी चौपाल में पिघलते थे।

आते जाते लोग, करते हैं हलचल,
हर आहट में बसी रहती है एक नई छलक।
जुटता है यहाँ पर हर दर्द का इलाज,
यहाँ हर दिल को मिलता है सुख और सुकून का राज।

मिलकर बैठो, हलकी हंसी, थोड़ी ठहाकें,
गाँव की चौपाल में बसी हैं सच्ची बातें।
यहाँ रिश्ते होते हैं, दिलों का समझौता,
हर दिन यहाँ नया जोश, नया जोड़ा।

गाँव की चौपाल, वो सजीवता की पहचान,
यहाँ हर दिल की धड़कन होती है एक समान।
यहाँ की हवा में घुली होती है सरलता,
गाँव की चौपाल, है आत्मा की गहराई का राज़।

66. बचपन

बचपन था तो ख़ुशियों की बारिश थी,
हर दिन जैसे रंगों से सजी एक सवारी थी।
कभी झूला, कभी दौड़ का खेल,
कभी चाँद सितारे, कभी खुले आकाश का मेल।

आँगन में हरियाली थी, आसमान में नीली चाँदनी,
माँ की गोदी में होती थी दुनिया की सबसे प्यारी सुकून की धुंधनी।
दादी की कहानियाँ, नाना का प्यार,
बचपन के वो लम्हे होते थे सचमुच ख्वाबों से भी शानदार।

खिलौनों की आवाज़ें, दोस्तों का संग,
हमारे लिए बस यही थे, दिलों के भरे रंग।
न कोई चिंता थी, न कोई डर,
बस खुशियाँ थीं, और दिल में उमंग भर।

आत्मा की प्यारी सी मुस्कान,
आशीर्वादों की सीरी और बचपन का जवान।
हर दिन होता था एक नया उत्सव,
जो कभी न थमता, वह था बचपन का जश्न।

आज जब देखता हूँ पीछे मुड़कर,
कितना प्यारा था वह बचपन, एक सपना सा रुककर।
कभी लौटकर आना नहीं था उस राह,
अब समझ आता है, बचपन में छुपा था जीवन का हर असली सवाल।

67. दिल में बसता है एक नन्हा सपना

दिल में बसता है एक नन्हा सपना,
साँसों से जुड़ा, उम्मीदों का अपना।
कोमल किरणों सा हर दिन चमकता,
हर रात सितारों के संग यह दमकता।

कभी यह हवा में उड़ने की चाहत,
कभी समंदर सा गहरा सुकून।
कभी यह बचपन की मीठी हँसी,
कभी अधूरी सी कोई जुनून।

आँखों की कोरों में पलता रहा,
धड़कन की लय संग चलता रहा।
हजारों तूफानों ने रोका इसे,
पर यह न रुका, बस बढ़ता गया।

एक दिन यह सच हो जाएगा,
संग अपने उजाला लाएगा।
क्योंकि दिल में जो बसते हैं सपने,
वो ही तो दुनिया बदलते हैं अपने।

68. सफलता एक चक्रव्यूह

सफलता एक चक्रव्यूह, जाल सा फैला,
हर मोड़ पर चुनौती, हर कदम पर गहरा पेच।
दिखता है आसान, लेकिन भीतर का रास्ता,
गहरे सागर सा, जहाँ हर लहर में डूबने का डर है।

कभी लगता है कि जीत मिलेगी सामने,
पर फिर कोई अजनबी रुकावट, जो समझ न आए,
हर कठिनाई से गुजरते हुए,
सपनों की ऊँचाई पर पहुँचने की उम्मीद जलाई जाती है।

कभी लगता है कि कदम सही रास्ते पर हैं,
पर फिर एक मोड़ आता है, जो भ्रमित कर देता है,
सफलता के इस चक्रव्यूह में,
हर कदम पर यकीन टूटता है, पर हौसला फिर से बढ़ता है।

यह चक्रव्यूह बस सफलता का नहीं,
यह आत्मविश्वास, संघर्ष और धैर्य का है,
जो टूटकर भी फिर से खड़ा हो,
वही सच्ची सफलता पाने का संकेत है।

सफलता का यह मार्ग, कभी सीधा नहीं होता,
हर घुमाव में एक नया अनुभव छुपा होता है,
जो जीते हैं इस चक्रव्यूह को,
वह जीवन के सबसे बड़े मार्गदर्शक बनते हैं।

69. वक्त बदलेगा, बस रखें विश्वास

अंधेरी राहों में धूप आएगी,
गहरी रातों में सुबह मुस्काएगी।
जो बिखर गए हैं, वो फिर संवरेंगे,
बस हौसला रख, कदम बढ़ाएंगे।

ग़म के बादल घने सही,
पर सूरज छुपा नहीं रहता कहीं।
धैर्य की लौ जब जलती रहे,
तो कोई भी मुश्किल टिकती नहीं।

ये दौर है, गुज़र जाएगा,
हर सूखा सावन फिर हरियाएगा।
जो सपने राख में दबे पड़े हैं,
वो चिंगारी बनकर जगमगाएगा।

तो मत हार, ना हो उदास,
संघर्ष का हर पल भी है ख़ास।
तू बस यक़ीन की शमा जलाए रख,
वक्त बदलेगा, बस रखें विश्वास।

70. सब खो रहा है, डिजिटल संसार

सब खो रहा है, डिजिटल संसार,
बातें हैं पर वो अहसास नहीं।
हाथों में हैं स्क्रीन की दुनिया,
पर दिलों में पहले सा विश्वास नहीं।

हँसी के इमोजी, आँसुओं के GIF,
हर जज़्बात अब बनते हैं क्लिप।
प्यार भी अब ऑनलाइन मिलता,
और दोस्ती की गहराई भी सिमटती दिखती।

कागज़ की चिट्ठियाँ मिट गईं,
बस टेक्स्ट की घंटियाँ बजती हैं।
बिना देखे कह देते हैं "जानते हैं",
बिना सुने "महसूस करते हैं"।

पर इस भीड़ में कोई अकेला खड़ा है,
स्क्रॉल करते-करते अंदर से पड़ा है।
सब पास हैं, फिर भी दूर लगते हैं,
हर रिश्ता अब बस मजबूर लगते हैं।

कहीं कुछ छूटा है, कहीं कुछ खोया है,
इस डिजिटल दौर में इंसान ही रोया है।
चलो एक पल को स्क्रीन हटाएँ,
फिर से असली दुनिया बसाएँ।

71. खामोशी में छिपा है एक अनघट सवाल

खामोशी में छिपा है एक अनघट सवाल,
जो लफ्ज़ों से नहीं, पर दिल से बेहाल।
आँखों की गहराई में ढूँढो ज़रा,
वहाँ धड़कनों का है कोई मलाल।

जो कहा नहीं, पर महसूस हुआ,
जो सुना नहीं, पर समझा गया।
वो अधूरी सी चाहत, वो टूटी सी आस,
बिन बोले भी दिल तक पहुँचा गया।

हवा की सरगम में छुपे हैं जवाब,
पर सवाल अब भी खड़ा है बेहिसाब।
क्या तुमने भी यूँ महसूस किया?
या बस मैं ही हूँ, जो रह गया लापता?

कभी मौन ही सबसे बड़ी पुकार है,
हर खामोशी में छुपी एक गुहार है।
बस पढ़ सको गर दिल की किताब,
तो हर सवाल का मिल जाएगा जवाब।

72. कल की यादें, धुँधली सी छाया

कल की यादें, धुँधली सी छाया,
कुछ खो गईं, कुछ रह गईं साया।
हर मोड़ पर रुक कर, हम देखते थे,
अब वो लम्हें बस यादों की राहों में रुकते हैं।

तेरी हँसी, मेरी मुस्कान,
अब हवा के संग उड़ गईं मानो।
वो बातें, वो ख्वाब, वो साझा पल,
अब सिर्फ दिल में एक हल्की सी हलचल।

धुँधली सी छाया, जो कभी साफ थी,
अब मद्धम रोशनी से ढकी नज़र आती है।
गुज़रे वक्त को पकड़ पाना मुश्किल है,
क्योंकि जो बीत चुका, वो कभी वापस नहीं आता है।

पर फिर भी कुछ तो है, जो ज़िंदा रहता है,
वो ख्वाब, वो एहसास जो कभी मरता नहीं।
कल की यादें, धुँधली सी छाया,
फिर भी हमारी आत्मा में बसी हुई है।

73. रात बुनती है नए अनुराग

रात बुनती है नए अनुराग,
चाँदनी में पिघलता एक सुखद राग।
नीले आसमान में, कुछ खो गया,
पर दिल में एक नया ख़्वाब पल गया।

तारे भी जैसे नए गीत गाते,
हर सिलसिला अब कुछ और कहता है।
चुपके से, बिन कहे, रात सिखाती है,
कैसे हर दर्द को प्यार में बदलती है।

कभी खामोशी में, कभी हवा की लय,
हर पल में एक ताजगी, एक नई कशिश।
रात के आँचल में बसी एक आवाज़,
जो जगाए दिल में नए अनुराग।

छुपा लेती है दिन के सारे ग़म,
सपनों के पैरों में छिपा देती है चमक।
सपनों की राहें फिर से खुलने लगती हैं,
रात बुनती है, जैसे नए ख्वाब पलते हैं।

74. धुंधली यादों की राह

धुंधली यादों की राह, अब भी बुलाती है मुझे,
खोई गलियों का वो चंचल शोर, सुनाती है मुझे।
मखमली धूप में लिपटी दोपहर, पीपल की छाँव,
किस्से कहानियों का अम्बार, खोया हुआ गाँव।

वो मिट्टी की सौंधी खुशबू, हवा में लहराती,
दादी की लोरी की मीठी धुन, मन को लुभाती।
चांदनी रातों में तारों भरी, आकाश की चादर,
सपनों की उड़ान भरते थे, हम सब बेखबर।

अब शहर की चकाचौंध में, वो सुकून कहाँ,
मशीनों की गर्जना में, वो अपनापन कहाँ।
वक़्त की लहरों में बह गया, वो सुनहरा कल,
दिल में बसी है अब भी, यादों की हलचल।

कभी लौट जाऊं क्या फिर से, उसी पुराने धाम,
समेट लूं बिखरे हुए, यादों के अभिराम।
पर जानता हूँ, बीता हुआ कल, लौटता नहीं,
बस यादों के झरोखे से झांकता, विरक्ति में कहीं।

फिर भी दिल माने ना, आस लगाए बैठा है,
शायद कभी वो खोया हुआ लम्हा, फिर से मिल जाए।

75. मन की आकाशगंगा

मन की आकाशगंगा, अनन्त और गहरी,
हर विचार एक तारा, हर एहसास एक धारा।
जैसे रातों में बिखरी चमकती रोशनी,
वैसे ही हमारे भीतर बसी है अनकही सच्चाई।

कभी तूफ़ान सा बहता है, कभी शांत समंदर सा,
कभी अंधेरों में खो जाता, कभी रौशनी में खिलता।
इन आकाशगंगाओं में हैं कई आकाश,
हर एक में बसी एक अलग ही विशेषता, एक अलग ही पास।

यह आकाश नहीं, यह एक दिल की दुनिया है,
जहाँ हर सोच, हर भावना एक सितारा है।
गहराई में डूबकर, जब हम खुद को पाते हैं,
तब समझते हैं, ये आकाशगंगा हम हैं, हमसे ही है।

हर दिन एक नया तारा बनता है,
हर रात एक नई दिशा में चमकता है।
मन की आकाशगंगा, असीम है, अपरिमित है,
जहाँ हर अहसास, हर दर्द, हर खुशी बसी है।

76. अंधेरे में चिराग

अंधेरे में चिराग, एक उम्मीद की रोशनी,
जहाँ हर राह गुम हो, वहाँ एक दिशा मिलती है।
सियाही में छिपे सितारे जैसे दमकते हैं,
हर जख्म की गहराई में, सुकून की धारा बहती है।

अंधेरा हो चाहे जितना गहरा,
चिराग की लौ कभी बुझती नहीं है।
वो जलता रहता है, अपनी आंधियों में,
हर उजाले का सपना बुनता रहता है।

कभी रातों की खामोशी में,
जब सब कुछ खो जाता है,
चिराग की एक हल्की सी रौशनी,
दिल में एक नई उम्मीद जगा जाती है।

अंधेरे में चिराग, बस यही सिखाता है,
हर मुश्किल के बाद, एक राह होती है।
जो कभी बुझ न सके, वो अपनी आग से,
संसार को अपनी रौशनी से रोशन करता है।

अंधेरे में चिराग, न थमता है, न रुकता है,
वह जीवन की कठिनाईयों को सच्चाई से हराता है।
हर दिन एक नई शुरुआत होती है,
चिराग का उजाला हमेशा साथ चलता है।

77. आज नदी बिल्कुल उदास थी

आज नदी बिल्कुल उदास थी,
अपने पानी में छुपी हुई कुछ बातें थी।
बहते-बहते वो चुप सी हो गई,
कहीं तो जैसे गहरी खामोशी में खो गई।

नदी की लहरों में, कोई रौनक नहीं,
उसकी हर बूँद में, एक गहरी तन्हाई थी।
कहीं दूर, उसके किनारे पर,
कोई धुंधली सी यादें, चुपके से चुराई थी।

पानी की हर लहर, जैसे कोई सवाल पूछे,
"कहाँ है वो रंग, वो राग, वो ख़ुशी?"
लेकिन नदी चुप रही, बिना कुछ कहे,
हर पल, हर मोड़ पर वो और भी गहरी होती गई।

आज नदी बिल्कुल उदास थी,
उसकी लहरें अब किसी से नहीं मिलतीं।
शायद किसी ने उसका साथ छोड़ दिया था,
या फिर उसने अपने भीतर की आवाज़ खो दी थी।

लेकिन कभी-कभी, उदासी भी जरूरी होती है,
ताकि हम अपनी गहराई को पहचान सकें।
शायद कल फिर से मुस्कान आ जाएगी,
नदी अपनी लहरों से फिर से कुछ गुनगुनाएगी।

78. रिश्तों की डोर

रिश्तों की डोर, है रेशम सी नाजुक,
पिरोए हैं इसमें, जीवन के मोती अनगिनित।
कभी अटूट बंधन, कभी उलझन की भूलभुलैया,
हर गांठ में छिपी, एक प्रेम की कहानी निहित।

ये डोर है यादों की, हंसी और आँसुओं की,
सहारे की छांव में, धूप की तपिश में पली।
अहंकार की आंधी में, अक्सर ये डगमगाती,
किन्तु क्षमा के धागे से, फिर से है सिलती गयी।

विश्वास की नींव पर, रिश्तों का महल खड़ा,
शंका के पत्थर से, ये अक्सर है गिरता रहा।
संवाद की रोशनी में, रास्ता है ये दिखलाती,
मौन की गहराइयों में, अर्थ है ये समझाती।

रिश्तों की डोर, अनंत आकाश सी विस्तृत,
इसकी गहराई में, हर रंग है समाहित।
ज़िन्दगी का सार है, प्रेम का आधार है,
थामे रहो इसे, यही जीवन का श्रृंगार है।

79. पत्तियों पे गिरती बूँदों की सरसराहट

पत्तियों पे गिरती बूँदों की सरसराहट,
जैसे मन की गहराई में छुपी हो कोई राहत।
हर बूँद में एक संगीत बसा है,
जो दिल की चुप्प को खोल कर, शांति में रचा है।

यह सरसराहट न कोई शब्द कहे,
न कोई आवाज़, बस एक अहसास चले।
पत्तियाँ जैसे झूम उठती हैं,
हर बूँद में आत्मा की ताजगी छुपी रहती है।

जो लम्हे ढूँढे नहीं जाते,
वो इस सरसराहट में बिखरते हैं।
जब आसमान से धरती को चुमती बूँदें,
जैसे हर घड़ी की खामोशी को आवाज़ देती हैं।

पत्तियाँ तो बस सहन करती हैं,
लेकिन हर बूँद उन्हें अपने से जोड़ती है।
जैसे कोई उदासी, जैसे कोई दर्द,
यह सरसराहट उसे भूलने की मदद करती है।

कभी इस खामोश संगीत में,
दिल की गहराईयों से एक सवाल आता है,
क्या यह बूँदें हमारी कहानियों को सुनाती हैं,
या हमें अपनी चुप्प में बसी शांति सिखाती हैं?

80. मिट्टी की सौंधी खुशबू

पहली बारिश की बूंदें गिरते ही,
धरती जब मस्त बहकती है।
माटी के हर कण से उठकर,
सौंधी खुशबू महकती है।

साँसों में भरती ताज़गी सी,
मन को शीतल कर जाती।
बीते पलों की स्मृतियाँ लेकर,
कोमल एहसास दे जाती।

खेतों की गीली मिट्टी बोले,
मेहनत के सुर गूंजे हैं।
हल की धार से अंकुर फूटें,
किसान के सपने पूँजे हैं।

माँ की गोदी, गाँव की गलियाँ,
उस माटी की सौंधी माला।
जिसमें बसा है हर अपना,
जिसमें बसा है हर उजाला।

मिट्टी की खुशबू में बसता,
जीवन का हर रंग सुहाना।
जो इसको दिल से महसूस करे,
वो ही जाने इसका तराना।

81. पगडंडियों की बात

पगडंडियाँ, जिनमें कांटे भी होते हैं,
किनारे से जब मन के फूल होते हैं।
चलते-चलते कभी खो जाते हैं,
फिर भी कदम वहीं लौट आते हैं।

इन राहों पर कोई रास्ता नहीं,
बस चलने का हौसला चाहिए।
हर मोड़ पर कुछ अजनबी सा होता,
लेकिन मंज़िल का सपना सही चाहिए।

कभी कोई थका-हारा मिल जाए,
कभी कोई मुस्कान की नज़रें पाए।
पगडंडियों की उन अनकही बातों में,
जिंदगी की सच्चाई समाई है।

वह खामोशी, वह शांति की झंकार,
मन के भीतर बसी होती एक पुकार।
इन पगडंडियों में ही सिख मिलते,
हम खुद को जान पाते हैं।

जो इन रास्तों को चुनते हैं,
वो कभी हारते नहीं हैं।
पगडंडी की सीधी राहों में,
छोटे मोड़ों में ही बड़ी बातें होती हैं।

82. पहली बारिश

बादल घिर आए नभ के कोने,
ठंडी बयार चली अनजाने।
धूप छुपी जब घूंघट ओढ़े,
धरती गा उठी गीत सुहाने।

पहली बूँद गिरी जो जमीं पर,
माटी महकी प्यार भरे स्वर।
नदियाँ नाची, पंछी गाए,
मन भीगने को तरस उठाए।

संग पवन के सावन आया,
बचपन फिर से लौट के आया।
कागज़ की कश्ती बह चली पानी में,
हँसी बिखर गई बचपने की कहानी में।

भीगे रास्ते, भीगे सपने,
मन के कोने फिर से चमके।
पहली बारिश, पहली खुशबू,
संग लाई मीठी यादों की धूप।

83. शांत सरिता

शांत सरिता, क्षीण धारा, रज-कणों से लिपटी देह,
मंडराती मधुमक्खी, गुंजन, जीवन का संदेश।
अमर बेल सी लिपटी चिंता, मानस पटल पे गहरा रंग,
किन्तु रवि किरण का स्पर्श पाकर, मिटता विषाद का हर संग।

दूर क्षितिज पर मेघों का अम्बार, इंद्रधनुष का आभास,
काल की गति है अगम्य, छुपा भविष्य का रहस्य पास।
प्रत्येक बूंद में अनंत सागर, प्रत्येक पत्ते में वटवृक्ष का सार,
सांसों की माला में पिरोया, अस्तित्व का अटल आधार।

ज्ञान की गहराइयों में खोना, माया का बुनना और मिटना,
आत्म-साक्षात्कार की यात्रा, सत्य का मार्ग स्वयं खोजना।
मोह-माया का चक्र चलाता, वासनाओं का अनवरत प्रहार,
पर मौन हृदय की शाश्वत शांति, देती मुक्ति का उपहार।

चांदनी रात में तारों की छाया, जल में जैसे दीप जले,
विस्मय की गहराईयों में देखो, अंतरमन का द्वार खुले।
क्षण भंगुर जीवन की कहानी, काल के सागर में विलीन,
फिर भी अंकित है अस्तित्व, प्रत्येक अनुभव में नवीन।

यह जगत एक रंगमंच है, हम सब हैं पात्र यहाँ,
अपनी भूमिका को निभाते, गुजरते जीवन की धारा।
शांत सरिता बन बहो निरंतर, मोह का बंधन तोड़ो,
सत्य की खोज में लीन रहकर, दिव्यता से नाता जोड़ो।

84. हवाएँ चुप हैं, पेड़ उदास

हवाएँ चुप हैं, पेड़ उदास,
जैसे बिछड़ गया हो कोई ख़ास।
फिज़ाओं में घुली है तन्हाई,
सूनी शाखों की है गहरी बेबसाई।

कल तक जो पत्तों से बातें करती थीं,
आज वो ही हवाएँ ख़ामोश हैं।
जो टहनियाँ झूमा करती थीं,
आज उनके सुर भी मदहोश हैं।

शायद किसी ने वादों को तोड़ा,
या फिर किसी ने साथ ही छोड़ा।
शबनम भी अब रोती दिखती है,
खुशियों की राहें खोती दिखती हैं।

पर मौसम बदलेगा, दिन फिर आएंगे,
सूखी डालों पर फूल मुस्काएंगे।
हवाएँ फिर से गीत सुनाएंगी,
पेड़ भी नए सपने सजाएंगे।

85. स्मृतियों की परछाइयाँ

स्मृतियों की परछाइयाँ, जैसे धुंधली रेखाएँ,
जो हर कदम पर पीछे छोड़ जाती हैं, अदृश्य सी परछाइयाँ।
उन लम्हों की खामोशी में, कभी हँसी की गूंज थी,
अब बस सन्नाटा है, जो धीरे-धीरे दिल में समाता है।

हर याद एक कहानी सी बन जाती है,
जो पल में खिलती है, और फिर खामोश हो जाती है।
स्मृतियाँ कभी खुशियों से बसी होती हैं,
कभी दर्द की टीस, कभी आँसू की जड़ी होती हैं।

कभी लगता है, जैसे वे सब पास हों,
हर राह में, हर मोड़ पर, वे मेरे साथ चलें।
पर जब मेरी आँखें उन्हें ढूंढ़ती हैं,
वो सिर्फ हवा में घुली सी, कुछ धुंधली सी परछाइयाँ बन जाती हैं।

कुछ यादें ऐसी होती हैं, जो हमें छोड़ नहीं पातीं,
जैसे वक्त से उलझे हुए अटके हुए पल,
स्मृतियों की परछाइयाँ कभी हमें महसूस होती हैं,
कभी तो वे हमारे ख्वाबों में खो जाती हैं।

क्या ये परछाइयाँ हमें वो सिखाती हैं,
जो हम कभी भूल नहीं पाते?
या फिर हमें यही बताती हैं,
कि हर छाया, एक वक्त के बाद, खुद को मिटा देती है।

86. न तुम, तुम रहो न मैं, मैं

न तुम, तुम रहो न मैं, मैं,
यह दो राहों का मिलन, कभी हो न पाया।
एक बूँद तुम, एक धार मैं,
फिर भी जो हुआ, वह रहस्यमय सा पाया।

तुम हो, तो मैं हूँ, और जब तुम नहीं,
तब जैसे मैं भी खो जाता हूँ।
जैसे चाँद का प्रतिबिंब, जब बादल में छिप जाए,
तब अंधेरे में बसा, एक गहरा सा सवाल होता है।

हम दोनों की पहचान, एक दूसरे से बंधी,
लेकिन फिर भी, क्यों एक दूरी बनी रहती है?
न तुम, तुम रहो न मैं, मैं,
यह उलझन शायद हमारी आत्माओं के बीच हमेशा रहती है।

न तुम, तुम रहो न मैं, मैं,
लेकिन फिर भी, हर पल तुम्हारे ख्यालों में बसा हूँ।
जब तक यह दिल धड़कता है,
हम दोनों की ज़िन्दगी, एक-दूसरे के साथ ही होती है।

तुम हो तो मैं हूँ, और जब तुम नहीं,
तब भी तुम मेरे भीतर हो, और मैं तुम्हारी छाँव में बसा हूँ।
न तुम, तुम रहो न मैं, मैं,
यह खालीपन सिर्फ़ एक विचार है, एक सच्चाई नहीं।

87. खोया हुआ रास्ता

हम सब अपने-अपने रास्तों पे चल रहे हैं,
कभी सीधी राह, कभी मोड़ पे खड़े हैं।
मंजिल तो दूर, पर रास्ते में खोए हैं,
हर कदम में सवाल, हर मोड़ पे रुकने से डरते हैं।

जो खो चुका, वह अतीत बन गया,
जो पाया, वह हर कदम पे अनमोल हो गया।
लेकिन सवाल ये है, क्या सचमुच पाते हैं हम,
या जो हम ढूँढते हैं, वह सिर्फ़ एक भ्रम बन जाता है?

सफर में कई बार रुका, फिर भी आगे बढ़ा,
कभी गिरा, कभी सम्हला, फिर भी रास्ता न रुका।
कभी सोचता हूँ, क्या सचमुच मुझे यह रास्ता चाहिए,
या यह मेरा खुद से मिलने का तरीका है, जो मुझे समझ में आए?

हम सब एक खोया हुआ रास्ता हैं,
जो खुद को खोजते हुए, कहीं न कहीं बिखरते हैं।
लेकिन हर बिखराव में, एक नई शक्ल होती है,
और हर चोट में, एक नई ताकत दिखाई देती है।

इस रास्ते की खोज में, खुद को पा जाऊँ,
रोक के नहीं, बस चलते हुए एक नया सूरज उगाऊँ।
क्योंकि हर रास्ता, चाहे खोया हो या पाया,
आखिरकार हमें खुद की दिशा ही दिखा जाता है।

88. क्षितिज का आह्वान

धूलधूसरित नयन, पथ निर्जन असीम,
अस्तित्व की गहनता, स्वप्न में विलीन।
कितना भ्रम, कितना छल, माया का जाल,
जीवन की परिभाषा, प्रश्न है विकराल।

मृगतृष्णा सी दौड़ती, आशा की वो किरण,
हर बार धोखा देती, करती है विवर्ण।
मन व्याकुल, चित्त अस्थिर, हृदय में दाह,
किस शापित नक्षत्र में, लिखी है ये राह?

परिवर्तन का उद्घोष, सूक्ष्मतर नाद,
अंतरतम में जागृत, एक अभिनव संनाद।
कालचक्र की गति, रोक पाना असंभव,
नियम अटल, सत्य शाश्वत, जान लो निर्भय।

विपुल विस्तार, गहरा सागर, लहरों का शोर,
अंतहीन आकांक्षाएं, मन में हैं विभोर।
प्रत्येक क्षण अनमोल, प्रत्येक श्वास नवीन,
खोलो नयन, देखो जग, क्या है ये विदीर्ण।

आत्म-अनुशासन का, दृढ़ संकल्प करो,
स्वयं को मुक्त करो, भ्रमों से दूर रहो।
ज्ञान की ज्योति जलाओ, तिमिर हटेगा,
सत्य का अनुभव होगा, हृदय भरेगा।

अहंकार की भित्ति, ढह जाएगी क्षण में,
करुणा का झरना बहेगा, इस मन में।
सर्वांगपूर्णता की, ओर चलो अविराम,
क्षितिज का आह्वान सुनो, त्याग दो आराम।

पीड़ा में भी शक्ति है, संघर्ष में जीवन,
स्वीकारो सत्य को, जियो हर क्षण।
कर्म करो निष्काम, फल की चिंता छोड़ो,
परम आनंद मिलेगा, बंधन सब तोड़ो।

अमृत कलश भरा है, तुम्हारे भीतर ही,
खोजो उसे, मिल जाएगा, बनकर प्रहरी।
असीम संभावनाओं से, भरा है जीवन पथ,
चलते रहो, बढ़ते रहो, यही है सत्यव्रत।

ये जटिल संसार है, प्रश्नों का सागर,
ढूंढो उत्तर स्वयं, बनो स्वयं उजागर।
आत्मा की शांति खोजो, अंतर्मन में रम जाओ,
जीवन की सार्थकता को, तुम स्वयं बनाओ।

89. जीवन की राहें

चलते-चलते राहों में,
कभी धूप है, कभी छाँव है।
कभी हँसी है, कभी आँसू,
कभी गीत, कभी सन्नाटा है।

हर मोड़ नया एक सपना लाए,
हर दिन कुछ सिखा के जाए।
कभी सफर में साथ बहुत हो,
कभी तन्हाई भी अपनाए।

कदम-कदम पर संग संघर्ष,
हर मुश्किल से मिलती समझ।
गिरकर जो फिर उठ जाता है,
वही जीत की राहें रचता है।

संग अपने जो सच की रोशनी,
वो राह कभी अंधेरी नहीं।
इच्छाशक्ति हो अगर अडिग,
कोई मंज़िल फिर दूर नहीं।

जीवन बहता जलधारा है,
हर पल इक नया सहारा है।
चलो मुस्कुराकर इस पथ पर,
हर क्षण प्यारा, हर लम्हा न्यारा है।

90. भोर का संगीत

तिमिर गर्भगृह चीर कर, स्वर्णिम किरण करे आह्वान,
नवल प्रभात का आगमन, आशाओं का नया विधान।
अवनि पुलकित, वायु प्रमुदित, पुष्पों का मंडन सजा,
कलियों के अधरों से झरती, मधु की शीतल अनुजा।

विगत निशा की कालिमा, स्मृतियों में अवशेष मात्र,
नूतन स्वप्नों की अल्पना, रच रहा जीवन का यंत्र।
प्रकृति की वीणा बज उठी, षडज स्वर में रागिनी,
मनुष्य हृदय में जागृत हो, कर्मपथ की जागृति नी।

उठो हे पथिक, निद्रा त्यागो, आलस्य का आवरण तजो,
नवीन ऊर्जा संचित करो, आत्म-विश्वास की ज्योति सजो।
क्षितिज पर स्वर्णिम रेखाएँ, दिशा दिखाती स्पष्ट मार्ग,
ज्ञान-प्राप्ति का सतत प्रयास, जीवन का यही परम स्वार्थ।

अवरोध कितने भी आएं, बाधाएं कितनी भी हों घनी,
निरंतर चलते रहो अविचल, लक्ष्य साधना की धुन ठनी।
आकाश की ऊँचाई छू लो, सागर की गहराई जानो,
अपने भीतर की शक्ति पहचानो, स्वयं को बेहतर मानो।

यह जीवन एक मधुर गीत है, जिसका हर स्वर अनमोल है,
हर चुनौती एक अवसर है, हर असफलता एक ढोल है।
उस ढोल को बजाकर ही तो, विजय की ताल मिलेगी तुम्हें,
आत्म-विश्लेषण, आत्म-संयम, सदा राह दिखाएंगे तुम्हें।

91. अनंत पथ का आह्वान

धुंधली क्षितिज रेखा, मन में संशय का भार,
निराशा के क्षणिक मेघ, करते जीवन को अंधकार।
पर अंतर्मन की ज्वाला, कहती सुनो ओ पथिक,
रुको मत, झुको मत, तोड़ो नियति की जटिल लिपि।

हर कंकर, हर अवरोध, परीक्षा है गहन,
आत्म-विश्वास की नौका, खेओ साहस ले अनवरत।
भय की कालिमा को चीर, प्रज्ञा का दीप जलाओ,
आगमोक्तियों के बंधन तोड़, नव सृष्टि का राग गाओ।

कालचक्र घूमता नित्य, परिवर्तन प्रकृति का नियम,
आस्था के अंकुर बोओ, त्यागों से सींचो निर्मम।
क्षणिक सफलता की चाह में, मत भूलो जीवन का सार,
परोपकार की राह चुनो, बनो मानवता का आधार।

ये जग है मायाजाल, भ्रमों का गहरा कुंआ,
चेतना की जागृति से ही, पाओगे सच्चा खुदा।
अज्ञान के बंधनों से मुक्ति का मंत्र जप,
अमरत्व की खोज में, कर लो जीवन को अर्पित।

अनंत पथ है तुम्हारा, गंतव्य अज्ञात है,
पर हर पग में अनुभव, जीवन का शाश्वत साथ है।
उठो, जागो, चलो अविराम, बनो प्रकाश का पुंज,
फैलाओ प्रेम और करुणा, करो जग को कृतपूर्ण।

92. कालरात्रि

अंधेरी रात, विह्वल चित, पथ अंधकारमय,
जैसे अनंत सागर में डूबा हो हर किरणमय।
कालरात्रि का साम्राज्य, छाया गहन, विकराल,
धड़कन भी थर्राती, भयभीत, हो बेहाल।

हथेली पर कालिख, सांसों में विष घुला है,
अतीत की स्मृतियाँ, श्राप सा चिपका है।
मनुष्य की आत्मा, क्षीण, जर्जर, पीड़ित,
मृत्यु की आहट से, हर अंग है पीड़ित।

एक वीरान महल, शिखर सा खड़ा है,
ध्वस्त दीवारों में स्याह इतिहास गड़ा है।
भूतों का बसेरा, चीखों का निवास है,
हर कक्ष में दर्द, हर कोने में त्रास है।

राजा था कभी मैं, वैभव का मुझपे ढ़ांचा था,
प्रेम, करुणा, दया, ये सब एक दिखावा था।
राज्य के लिए मैंने, छल से लहू बहाया,
अंत में अकेला, श्रापों से घिरा पाया।

अब भटकता हूँ मैं, उस महल के खंडहर में,
पश्चाताप का भार, ढोता हूँ अपने सर में।
कालरात्रि की छाया, मेरा पीछा करती है,
मुक्ति की हर आशा, पल-पल मृत्यु बनती है।

ये कथा है उसकी, जिसने पापों को सींचा,
अंधकार के सागर में, खुद को ही खींचा।
कालरात्रि का दंड, अटल, निष्ठुर, प्रचंड,
जीवन का ये अंत, जो है अत्यंत विकट।

93. स्वप्निल पथ

धुंधली यादों का एक अम्बर,
मंद सितारों से सजा हुआ है।
अज्ञात पथ पर मैं अकेला,
स्वप्निल मन से चला हुआ है।

अश्रु बूंदों से भीगी पलकें,
किसी विरह गीत को गाती हैं।
अलिखित प्रेम की अधूरी कहानी,
कागज़ पे स्याही उड़ेल जाती हैं।

गुजरते वक्त की परछाईं गहरी,
दिल के आंगन में उतरती है।
अनंत सागर का एक शांत किनारा,
हौले से मुझको पुकारती है।

अगम्य रंगों से सजी ये दुनिया,
मायाजाल सी है, दिखावा है।
पर इस भ्रम में भी एक सत्य छुपा,
प्रेम का अमृत, जीवन का सावा है।

चांदनी रात में भीगा ये मन मेरा,
खोया है कहीं, ढूंढता अपना ठिकाना।
शायद इस स्वप्न से ही मिलेगी राह,
जहाँ है उस अनंत प्रेम का खजाना।

94. धुंधलका

धुंधलका छाया है मन पर, जैसे कुहरा घन सा,
स्मृतियों की गलियों में, भटक रहा जीवन एकाकी।
वो बातें जो कल थीं, आज बस हैं प्रतिध्वनि सी,
खोखली हंसी की गूंज, एक उदासी स्थायी।

क्षितिज पर डूबा सूरज, रक्त वर्ण की आभा बिखेरे,
जैसे हृदय का शोणित, अवसाद में लिपटा हुआ।
पीपल के पीले पत्ते, गिर रहे धरा पर धीरे,
काल की गति का चिन्ह, हर कण में छुपा हुआ।

एक वीणा थी जीवन, मधुर सुरों से भरी हुई,
समय के निर्दय हाथों ने, हर तार को झंकृत किया।
कुछ धुनें आनंद की थीं, कुछ वेदना से सजी हुई,
अंत में लय भंग हुई, और मौन ने आश्रय लिया।

अब बस अवशेष हैं, उन स्वप्नों के खंडहरों के,
जिनकी नींव पर मैंने, एक संसार रचा था कभी।
अश्रुधारा निरंतर, बहती है आंखों के कोनों से,
जैसे नदिया विवश है, सागर में मिलने को अभी।

शायद कल फिर भोर होगी, किरणें नयी खिलेंगी,
पर धुंधलका गहरा है, मन का कैसे दूर होगा?
वो खोये हुए पल, वो बीती बातें कहेंगी,
क्या कभी ये मन, उस वेदना से मुक्त होगा?

95. विस्मृति का आवरण

धुंधले दर्पण में प्रतिबिंब धुंधला,
स्मृतियों का भार, हृदय कुचला।
काल की छाया, गहन अविरल,
जीवन का पथ, हुआ विरल।

क्षणभंगुर है यह अस्तित्व सारा,
मोह माया का खेल निराला।
भ्रमजाल में मन हुआ बंदी,
आशा की किरण भी मंद पड़ी।

पीड़ित है अंतर्मन, क्षत-विक्षत,
वेदना की लहरें, सतत।
शब्दों में कैसे करूं बयां मैं,
विस्मृति का आवरण, घना छाया।

इंद्रधनुष भी अब बेरंग दिखता,
खुशियों का सागर भी खारा लगता।
क्या मिलेगा इस जीवन पथ पर,
जहां सिर्फ अकेलापन है निरंतर।

बस एक प्रार्थना, उस परम सत्ता से,
मुक्ति मिले इस बंधन से।
शांत हो यह चित व्याकुल मेरा,
विस्मृति का आवरण हटे, सवेरा हो मेरा।

96. अर्थ और अनुभव

अर्थ और अनुभव, दोनों का रिश्ता गहरा,
जैसे शब्द और उनका मर्म, या समय और उसका असर।
अर्थ, वह जो हम समझते हैं, जो किताबों में लिखा,
लेकिन अनुभव वह है, जो जीवन में रचता है, जो हर कदम में बिखरा।

अर्थ तो हर किसी के पास होता है,
पर अनुभव वह अनमोल खजाना है, जो दिल के पास होता है।
अर्थ से हम कुछ जान सकते हैं, पढ़ सकते हैं,
पर अनुभव से हम वह महसूस करते हैं, जो शब्दों में नहीं लिखा जा
सकता।

अर्थ हो सकता है सामान्य, एक दृष्टिकोण से,
लेकिन अनुभव, एक गहरी नदी की तरह, हर किसी का अपना होता है।
जो देखता है, वही कहता है,
जो महसूस करता है, वही सच्चा समझता है।

अर्थ कभी बदलाव से नहीं डरता,
पर अनुभव वही है, जो हर बदलाव को अपने भीतर समेटता है।
अर्थ में तार्किकता होती है, पर अनुभव में संवेदनाएँ,
एक में सवाल होते हैं, दूसरे में जिज्ञासा।

अर्थ और अनुभव, दोनों साथ चलते हैं,
एक की तलाश में, दूसरा हमें रास्ता दिखाता है।
जब हम समझ पाते हैं, वह अर्थ नहीं,
बल्कि वह अनुभव होता है, जो हम अपने जीवन में जीते हैं।

97. अग्निपथ का राही

धधकती भट्टी सा ये जीवन, सांसों का अंगार है,
स्वप्न जलते, आकांक्षाएं धुंआ, हर डगर दुश्वार है।
मैं राही, पथ अग्नि का, न शीतल छांव की चाह है,
ये कठिनता, ये ज्वाला ही मेरी मंजिल की राह है।

क्षितिज पर बिखरी है लाली, जैसे लहू का रंग गहरा,
स्मृतियों की छायाएं मंडराती, यादों का ये पहरा।
कितने स्वप्न कुचले गए, कितने अरमान हुए राख,
फिर भी धड़कता है सीना, दिल में लिए ज्वाला की राख।

ये दुनिया, एक क्रूर रंगमंच, हर किरदार मजबूर है,
कभी राजा, कभी भिखारी, ये भाग्य का कैसा दस्तूर है?
पर मैं अपनी नियति लिखूंगा, अपनी कलम से लहू से,
चीर कर तम का सागर, पहुंचूंगा उस परम पद पर जरूर से।

प्रेम की गलियां सुनी पड़ी हैं, विश्वास भी है धुंधला सा,
हर वादे में मिला धोखा, हर रिश्ते में एक अभिलाषा।
फिर भी हृदय में दीपक जलता, मानवीयता का सार लिए,
बिखरे हुए टुकड़ों को समेटूंगा, एक नया आकार दिए।

पथ पर मिलेंगे काँटे गहरे, गिरूंगा, लड़खड़ाऊंगा ज़रूर,
लेकिन उठूंगा, फिर चलूंगा, मिटाने हर दर्द का सुरूर।
क्योंकि मैं हूं अग्निपथ का राही, अग्नि में तप कर बना हूँ,
अपनी ही आंच में जलकर, एक नया, अडिग जीवन चुना हूँ।

ये पीड़ा ही मेरी शक्ति है, ये ठोकर ही मेरा ज्ञान है,
ये संघर्ष ही मेरी कविता है, ये जीवन ही मेरा सम्मान है।
तो सुनो, ओ दुनिया वालों, ये मेरी आखिरी पुकार है,
मैं अग्निपथ का राही, और जीतना मेरा अधिकार है!

98. वैराग्य

वैराग्य एक गहरी चुप्प है,
जो दिल में छुपी एक लहर है।
यह न कुछ छोड़ने की चाह है,
न कुछ पाने की कसक है।

संसार की रंगीन राहों से,
मन का हटकर बाहर निकलना,
वह खालीपन नहीं, एक शांति है,
जो हर चीज़ से ऊपर उठना है ।

दुनिया के मोह-माया से दूर,
आत्मा अपनी राह खुद तय करती है।
वह न कोई ग़म ढोता है,
न किसी खुशी की तलाश करता है।

वैराग्य नहीं एक भाग जाना,
यह तो खुद से मिलकर समझ पाना है,
कैसे हर तृष्णा को ख़त्म कर,
हम खाली होकर भी पूर्ण हो सकते हैं।

यह न उग्रता है, न चुप्प की निष्ठा,
यह संतुलन की खोज है,
जहाँ सब कुछ होते हुए भी,
कुछ भी न हो, वही असली वैराग्य है।

99. कालचक्र का कोलाहल

एक दीर्घ रात की छाया गहराती,
कालचक्र की गति मंद नहीं पाती।
अतीत धूमिल, भविष्य अज्ञात है,
वर्तमान में जीवन का आघात है।

मृगतृष्णा सी इच्छाएँ दौड़ती,
अस्तित्व की परिभाषा खोजती।
विस्मृति के सागर में डूबे सपने,
काल के क्रूर हाथों से लुट गए अपने।

अश्रुधारा बहती, करुणा क्रंदन,
हृदय विदीर्ण, अंतर मन स्पर्धन।
ज्ञान का आलोक बुझता सा लगता,
अंधकार का साम्राज्य बढ़ता सा दिखता।

मायावी संसार, क्षणभंगुर जीवन,
मोह का बंधन, भ्रामक दर्पण।
अहंकार का शिखर, पतन का संकेत,
कर्मों का लेखा-जोखा, नियति का संकेत।

धैर्य का दामन थामे रहना होगा,
निराशा के बादल को चीरना होगा।
काल का कोलाहल शांत होगा जरूर,
प्रकाश की किरण फूटेगी एक दिन जरूर।

जीवन एक यात्रा है, पथिक तू अकेला,
संघर्षों से जूझ, अनुभव से खेला।
कालचक्र की गति में परिवर्तन निश्चित,
नव जीवन का आरंभ भी है निश्चित।

इसलिए न डर, न हार मान, ए मानव,
काल की गति में ही जीवन का सार है।
उम्मीद का दीप जलाए रखना सदा,
कालचक्र का कोलाहल होगा शांत तब।

100. सृजन और संहार

सृजन से ही जीवन का प्रारंभ हुआ,
हर कण में सृजन का स्पंदन बहा।
कलियों में गंध, नदियों में बहाव,
हर कोने में बसा सृजन का प्रभाव।

पर जहाँ सृजन, वहाँ संहार भी है,
समय के चक्र में यह आधार भी है।
जो जन्मा है, वह मिटेगा, यही सच्चाई,
फिर भी मानव को क्यों है यह लड़ाई?

फूल खिलता है, फिर मुरझा जाता है,
सागर उफनता है, फिर शांत हो जाता है।
सृष्टि का नियम यही तो कहता है,
जो बना है, वह एक दिन ढहता है।

सृजन में छिपी होती है विनाश की झलक,
संहार में भी होता है नवजीवन का चमक।
रात के बाद ही तो सवेरा आता है,
संहार के बाद ही नवसृजन मुस्काता है।

तो क्यों डरें हम इस परिवर्तन से,
हर अंत के बाद है एक नई उमंग से।
सृजन और संहार एक ही सत्य हैं,
इन्हीं से बंधे हम सबके पथ हैं।